神社新報ブックス　21

言霊の響き

涼恵

はしがき

國學院大學教授　茂木　貞純

本書の著者、涼恵さんは、神職にして歌姫である。これまで永きにわたり、神と人とがつくりあげてきた国の姿を、美しい言葉と旋律にのせて歌ひあげてきた。かうした作品を世に送る人はこれまでに無く、涼恵さん独自の才能が花開いたもので、あへて歌姫と紹介させていただく。

昨年、今上陛下御即位にあたり、御大典記念として角松敏生さんのプロデュースによる童謡唱歌「心のふるさと」を、私たちの禮典研究会で製作させていただいた。このところ忘れられてゐた童謡唱歌の世界が、涼恵さんの透きとほる声で生き生きとよみがへった。そして、今年はさらに新たなアルバム「楽園」（令和二年四月二十九日発売）を準備されてゐる。

そんな涼恵さんの初エッセー集が、神社新報ブックスとして発刊される運びとなった。「神社新報」紙上に六年間にわたり執筆されてきたもので、これまで多くの読者から発刊が待ち望まれて来た。日常のなにげない出来事を、独自の感性で言の葉にして、読者の心を魅了してきた。つい引き込まれて読み進めるうちに、なるほどねと頷き浄められてゐる。

私たち日本人にとって、日常の生活が神道の世界なので、神道は何か特別のものではない。本書はまさに日常を言葉にすることで、「神道エッセー集」になってゐる。それはとりもなほさず神道理解への不断の努力と、さまざまなことに心を動かすことのできる感性の賜物である。本書の発刊をこころから喜び、そして涼恵さんの今後ますますの御活躍を祈りたい。

令和二年四月三日

目次

音は気配

真っ直ぐに

　早いもので神職の唄ひ手として活動させていただき十二年が過ぎた。

　この活動では、まさに〝御神縁〟としかいひやうがないお導きをいただき今日の自分があある。と同時に、それは日本における深刻な宗教アレルギーといふ見えない壁を身に染みて感じることでもあった。例へば、

「涼恵って誰か知ってる？」

「なんかよく知らないけど、プロフィールに神社とかって書いてある」

「え？　こはーい」

「なんか怪しくない？」

アメリカ在住の友人がたまたま一時帰国してゐた際、ライヴ会場でこんな会話を耳にしたといふ。

またある大手レコード会社では、

「あなたの歌詞は宗教色が強すぎる。放送禁止用語にひっかかってくる可能性があるから、すべて手直しが必要。あなたと一緒に仕事するには、こちらのリスクが大きすぎる。取引先からクレームが来た場合、私たちはあなたを守ることができない。だから、一緒に仕事をすることはできない」

活動の舞台が大きくなれば大きくなるほど、腫れ物に触れるやうな扱ひもしばしばで、見えない壁も大きくなっていった。

歌詞に〝地球〟と書けば、「あなたは左だ」と言はれ、〝神様〟と書けば「右だ」と言はれ、悲しいやら情けないやらで、「一体、この国には、真ん中はないのだらうか。ぢゃあ本当の意味で、真ん中って何だらう……私は真ん中を歩いてゆきたい」と、何度も自問自答した。

確かに自分は神社で育ち神職になったけれど、親戚には住職も牧師もゐる。また（新渡戸）稲造をぢさまはクエーカー派の敬虔なクリスチャンだった。そして幼稚園、高校とカトリック系の学校に通ひ、他宗教に触れる機会も身近にあった私自身は、自然と〝呼ばれ方や見え方が違ふだけで、空の上で神様は繋がってゐる〟——さう当たり前のやうに感じてゐた。

〝右でも左でもなく、真っ直ぐに、御先祖様と豊かな自然に感謝し、この命を大切に生きる〟そんな想ひが強くなるにつれ、メジャーになることを目標にする活動ではなく、一歩一歩独自にでも進んでゆくことが大切なのだといふ想ひが募ってゐる。まだまだ非力な自分だが、これからも浄明正直に精進していきたい。

昨年の神宮式年遷宮や東京オリンピック開催決定、富士山の世界文化遺産登録などを機に、神社や神道に対する意識や捉へ方から予断や偏見が減ってきてゐると感じられる。「……らしいよ」と世間に溢れる情報を鵜呑みにするのではなく、自分の目で見て、考へて、判断する方との出逢ひが多く得られるやうにもなってきた。そんな折、かうして執筆の機会をいただいたことにも何かのお導きを感じ、頭が下がる思ひでゐる。

（平成二十六年十月十三日付）

恩頼《みたまのふゆ》の響き

皆様は、〝恩頼〟のことを一般の方々にどのやうにお伝へするだらうか。私事ながら現在新作アルバムを作製してをり、その題名を「みたまのふゆ―恩頼―」としてゐる。一般的には、漢字で表記しても読めない方が殆どで、意味を知る人も皆無に等しいだらう。稚拙な表現で私なりに伝へてみても、どこか物足りないといふか言葉では説明し切れない。

恩頼とは、神様からの御加護のなかで、〝浄化され、命が躍動する〟そんな様を表してゐるのではないだらうか。御霊が震へる……生かされてゐる。御霊が増える……活かされてゆく。冬の語源がさうともいはれるやうに、命が凝縮されて増殖することで、次の季節を迎へ、張る、晴れ、の意味を持つともいふ春になるのだ。

少し視点を変へて、英語では恩頼をどう訳するのかを語学堪能な先輩神職に尋ねてみた。すると、「状況によっていろいろだらうけど、ディヴァイン・サポート（ｄｉｖｉｎｅ support）って訳してゐる。一般の人には、お蔭様くらゐが分かりやすいんぢやないかな」と、シンプルな返答に思はず納得してしまった（ディヴァインは「神からの」「天与の」などの意）。

神様のお蔭様。私自身、呼吸をするほど自然に、いつも神様とのつながりを感じてゐる。表現が子供っぽいのだが、毎日何回も神様に問ひかけてしまふ。それと同時に、絶えず見守られてゐる感覚が廻ってゐる。私のなかに神様がいらっしゃるから、命がある。存在が重なるといふのか……。なんだか言葉を綴るたびに、仰々しくなってしまふ。自分にとってとても自然なことなのだが、その感覚を言葉で伝へることは、やはりとても難しい。

言葉には霊力がある。まさに言霊。とくに大和言葉には強い力が残ってゐると感じてゐる。「みたまのふゆ」と発語するだけで、ゾワっとするのは、きっと私だけではないはず。初めて祝詞を聴いたときの感覚が今でも忘れられない。小学生低学年のころ、意味は分からずとも魂が震へ活性化される気がした。

ことばとは五十音からなる〝五十波《ことば》〟。音楽に携はる者として、日本語に籠められてゐる音の響きの豊かさには圧倒される。ヴァイブレーションといふのか、波動といふのか。一音一音に魂があると言ふべきか、力が強いのだ。情景が浮かぶのが大和言葉。説明したり教へたりではなくて、感じることで伝はる。神様の名前もさうだらう。単純にその言葉よりも多くの意味を持つ。背景がある。

〝恩頼〟たった二文字で、こんなにまでも情景が浮かび上がる言葉があるだらうか。言葉では説明し切れない現象や感覚を、昔の人たちはどうやって伝へて来たのか。

今まで何人もの先人たちが、神様との結びつきや目に見えない存在に守られてきたことがあるから生まれた言葉なのではないだらうか。神秘を感じて已まない。

（平成二十九年十月九日付）

「君が代」に想ふ

先日、娘が通ふ公立小学校の入学式に出席したのだが、愕然とする出来事があった。国歌斉唱の際に生徒や教師たちが大きな声で「君が代」を歌ふなかで、保護者席からは歌ふ声が殆ど聞こえてこない。前奏が流れてきた時点で首を横に振る夫婦さへゐた。多くの保護者は下を向いたまま、口を開かなかった。いよいよ迎へたわが子の小学校生活をお祝ひし、見守る入学式で、親として歌はないのは何故なのだらう。「君が代」といふ作品にこめられてゐる意味や内容を御両親はどう感じていらっしゃるのか。

私はこの曲のなかに純粋な祈りを感じてゐる。「あなた様の世がいつまでも長く栄えますやうに」。それは、誰かのことを想ふ気持ち。讃へる気持ち。極端な言ひ方になるかもしれないが、親が子供に、子供が親に歌っても成立するほど、自分を一歩引いて人を支へ敬ふ精神が表れてゐる気がしてならない。

御両親が歌はないことを選択するのには、なんらかの理由や違和感があるからなのだらう。見たところ、保護者の年齢層は三十代から五十代。戦後教育を受けつつも、新たな歴史的解釈を身に付け、神社に参拝する率が高い世代でもあると認識してゐたので、この事実には驚きを隠せなかった。地域や学校にも依るのだらうが、「君が代」のイメージは、何かの色が付けられたまま独り歩きをしてゐるやうに感じられた。教育基本法が改正され、教師が生徒に国歌を教へてゆくなか、一般の保護者たちには歌はない人がこんなにもゐるのだと知り悲しかった。

私事になるが、娘は物心ついた頃から「君が代」を覚え歌ってゐる。育ってゆく環境のなかで自然と身に付き、旋律も歌詞も大好きなのださう。理由を聞くと、「だってこれ、人のことを想ってゐる歌でせう？　歌ってゐると誰かの役に立ててるやうな、強くて優しい気持ちになるの」。

子供のほうが、曲の持つ本質的な意味を無意識に捉へてゐるやうに感じる。米国や仏国の国歌を聞かせてみても、彼女には主張が強すぎるらしい。日本の国歌は栄光や勝利を主張するものではなく、相手を想ふ純粋な祈り。それを自然の万物を譬へに謳ってゐる。他のどの曲とも違って聞こえるのださうだ。確かに私も同じ印象を子供の頃から抱いてゐた。

「君が代」の歌詞は御承知の通り、詠み人知らず。名前が伝はってゐないことにも、どこか謙虚さを感じる。そして曲は英国人のフェントンが初めに作った西洋調の旋律を、国語の美しい響きを活かした音階へと宮内省の林廣守、奥好義の手により発展させた。その経緯にすら日本人らしい民族性を感じる。

現在の形に制定されるまでの先人の想ひを現代人は真っ直ぐに受け取れてゐるのだらうか。心が痛む……。「君が代」を改めてしっかりと歌ひ継いでゆきたいと強く心に刻んだ。


（平成三十年五月七日付）

音は気配

水の音で振り返る。鳥のさへづりで天を仰ぐ。音。それは目には見えないものだけれど、私たちの日常の中でとても多くの情報を伝達してくれてゐる。

私にとって旋律は道筋。暗闇に白く浮かび上がる一筋の光のやう。歌とはその調べを唇にそっと乗せて現実世界に波動を送る。なんとも言へない振動と循環とがそこには生まれ、人間の感情を超えた透明な心に触れる。個の存在はただの通過点となり連綿と受け継がれてきた命、そして自然の中で豊かに育まれてきた、生きとし生けるあらゆる命と呼応し始める。

深層心理の記憶や本心が歌を歌ふことで、風が吹き抜けたかのやうに心に通り道ができ、奥底から表面へと浮かび上がる。自分でも意識してゐなかった自分を知ることができる。コード一つでその表情は変はる。マイナーやメジャー。一音混ざるだけで、悲しみや喜び、怒りまでも表現できる。声を発する息の量や力の強弱、音圧や響かせる場所で喜怒哀楽を表現する。その微妙な調整が繊細で顕著でたまらなく稽古のやり甲斐がある。一日中歌ってゐられるほどに没頭してしまふ。周波数や集音域、指向性、建物との共鳴にも大きく左右され、声の可能性とは果てしない。

祈りも音楽も目には見えない。それなのに、確実に存在し、人の心に影響を与へることができる。この神秘は真実であり、私はこの道に生きてゐる。オカルトチックなことでもスピリチュアルなことでもなく、ごくごく自然なこと。

ある人からこんなことを言はれて心が萎んだ。「貴女が歌ふことや祈ることで、私の人生にどれほどの良い影響を与へてゐるのか教へてくれ。目に見える形でちゃんと証明してくれないと、その効果なんて伝はらない」「歌は自己主張の極み。自分を見てほしい、わかってほしいといふ自己演出が鬱陶しいし痛々しい」。確かにその通りなのかもしれない。だけれども、私は祈り歌ふことを続けてゆきたい。効果や影響がどれほどのもので、良い結果をもたらすのか否かは、残念ながら知り得ないけれども、その方の幸せを陰ながら祈ることならできると信じてゐる。

ずいぶんと私的なことを書いてしまひ、もしも読んでゐて気分を害した人がいらしたら心からお詫び申し上げたい。ただ、筆を進ませようと文字を選ばうとしても、弱ったことに今綴ってゐる内容しか出てこないのだ。これも一つの自分の恥と告白としてここに記したい。もしかすると読者の皆様の中にも「祈ること」「感じること」について、誰かにそしりや批難を受けた人もいらっしゃるのではないだらうか。

何が正しくて真実なのか、答へを知らうとすることすら、をこがましいのかもしれない。ただ今日も気がつけば、御神前に手を合はせてゐる自分がゐる。

（平成三十一年四月一日付）

いのちの音

先日、鮮烈な体験をしたことをここに綴らせていただきたい。

わが家には、五月で二十歳を迎へる愛猫がゐたのだが、つい先日他界した。亡くなる数日間は、猫らしいといふのか、奇怪な行動が増え、明らかに死に場所を選んでゐる様子が窺へた。いつもは行かない場所へと徘徊する。

明け方、こんなことがあった。私は半分眠りに堕ちたまま、不思議な音を聴いた。シュルルル……きゅいーん。ずーずー。暫くの間そんな音が聴こえてゐたかと思ふと、微かに「にゃぁぁーん」と鳴いた後、フッと音が止んだ。気になったのだが、眠いせゐもあって、なかなか身体が動かなかった。すると、どこからともなく「あなた神主でしょ！」と言はれた気がした。

身体を起こすと、愛猫が横たはってゐる。抱き抱へると、冷たい体に舌を出した状態で、口元には泡が吹き出し、呼吸をしてゐない。数回名前を呼んでゐたら、息を吹き返した。息が押し戻されてきたやうな瞬間だった。そして、力強く三度の雄叫びを発した。

胸と目頭が熱くなった。死を身近に感じながら、悔いがないほど側にゐた。

結局、愛すべき命はそれから二日後に、この世を去った。

なんだか無性に海に行きたくなった。

砂浜の上を歩きながら、心地良く沈んでゆく自分の身体の重みをひしひしと感じた。不規則なリズムで寄せては返す波の音……風が吹くと波が揺れ……そして私の息遣ひも、自然と呼応してゆくのが分かる。あの時の愛猫の臓器の音に限りなく似てゐる。風のやうな波のやうな呼吸のやうな、心音のやうな、なんとも言へないあの時の、いのちの音がここでも聴こえてゐる。どこかしら影響を受け響き合ひ連動してゐる。見上げた空には瞬く星々……煌めきも闇も一つの世界に存在してゐる。儚くも凛とした空気。

私は夜の海に、圧倒的な生を感じた。

ふと、ある物語が浮かび上がる。神話の中で伊邪那岐命と伊邪那美命が水蛭子《ひるこ》を葦舟に乗せて海へと返した動機が、ここにある気がしてならない。どんな思ひでその小さな命を見送ったのだらう。神話がとても身近に感じられる。生き続ける者が死を見送ること、見届けること。そしてその先にある成すべきこと。

神道の死生観とは、とても潔いもののやうに感じられる。この世に生を享けてゐる間の時間の使ひ方、命の使ひ方は人それぞれだが、一つ一つの命もこの自然観のやうに何かしら繋がり連動してゐる気がしてくる。

すると今、この原稿を読んでくださってゐる読者の方と私も、自然の連動と同じやうに何かしらの関係があるんぢやないか……。今、目の前には存在してゐなくても、交はりがある。そんな確信が湧き上がってくる。いのちの鼓動が重なって聴こえてくるやうに。

（平成二十九年四月十日付）

闇を聴く

先日、ある方からいただいた本『伊勢神宮浄闇』のなかに印象的な言葉が綴られてゐた。

浄らかな闇　浄闇／陽光のなかでは　見えないものが／顕われる夜／研ぎ澄まされていく五官／闇とは　門という空間で　音を聴くこと／音は声　吹く風もまた　神の声／神霊の訪れを伝えるもの／ふれあえば　共鳴／音擦となり　魂に響く

（文・河合真如神宮禰宜）

遷宮は夜おこなはれる。昔の形を残す神事は今でも夜におこなはれることが多い。

〝闇とは　門という空間で　音を聴くこと〟

この感覚に深い共感を覚えた。

小さい頃から、何故か闇のなかにしか聴こえてこない音を感じて、気が付くとその空間のなかで耳を澄ましてゐる自分がゐた。母や姉からすると、わざわざ自らそんな場所まで行かなくて良いのに、よほど暗いのが好きなのね……と笑はれることもしばしばだったが。

さう、「暗い」といふ文字にも「音」が存在してゐるのだ。今の私の音楽活動の原点は、確かにそんな音を奏でたい、生身の身体をいただいた今の自分が代はりに伝へなきゃならない。をこがましいのだが、そんな暗闇との約束を交はしたやうな感覚がある。

子供の頃からお宮を閉めに行くのが好きだった。本殿の電気を消した時に訪れる暗闇に、心地良い安心感を抱いてゐた。

昼間には感じられなかった気配に気付かされるやうな……囁かれてゐる音に敏感になる。木々のそよぎ、砂利が重なる音、参拝者が鳴らした鈴の音、柏手、風が通りすぎる音、葉が落ちる音……。

すべてに神が宿ってゐて、気配や囁きが今の事柄を表してゐる。夜間参拝をしてみるだけで、いつもとは違ふ感覚が用意されてゐるかもしれない。

歌にもそのやうなことがあって、私の場合は声の響きが夜になればなるほど、澄んで細かく感じられる。より深く遠くに響くやうな……。もしかしたら「歌ふ」といふ行為は、音といふ存在を受け止めてゐる道筋をくっきりと感じながら、ただ自分の声を預ける感覚といったほうが適切かもしれない。ただ導かれるだけ。その道筋が音楽でいふところの旋律になるのだらう。

レコーディングの場合はより顕著に違ひが現れる。あくまでも個人的な意見だが、自分の声質には、夜（とくに深夜！）のほうが音の輪郭がはっきりと浮き彫りになるので、ある意味では昼間に歌ふよりも表現しやすくなる。ライヴやコンサートではなかなか深夜に開演といふ訳にはゆかないが、やってみると意外と良いものかもしれない。

物事に善し悪しがあるやうに、光と闇もまたその両面があってこの世は成り立ってゐる。表裏一体の世界。さうして年も暮れては明けてゆくのだ。闇は光に照らされて、光は闇に抱かれながら。

（平成二十八年一月十一日付）

無意識にある所属感

言挙げすること

かうして執筆する上で、念頭に置いてゐることがある。「〝神道は言挙げせぬものなり〟と言はれてきたが、これからの時代は本当にそれで良いのか」。それは奉職する前、國學院大學で拝聴した授業でのことだった。

何故あんなにも優秀な若者が、犯罪にまで手を染めてしまったのか。同じ宗教家として、「だから新興宗教は危ない」「我々とは違ふ」などと語るのは無責任すぎる。戦後、新興宗教が尨大に増えたことの責任は、我々神職にもあるのではないか。現代人の心の拠り所として、神社の在り方はどうあるべきなのか。

――神道教化の先生は、オウム真理教の事件を題材に、神道について言挙げすることの必要性を説いてをられた。神職になるといふことは、社会で起こってゐる出来事に対し、自分にも何らかの影響が必ずあると、日々敏感に繋がりを感じて生きてゆく必要があるといふことなのだと教へられた。

そして平成十八年、米国ニューヨーク市で神職として神道の啓発などの奉仕をしてゐた時のこと。神道国際友好会が海外宗教事情視察のために同市のユニオン神学校を訪れた際、同席することとなった。そこで韓国人女性教授が、靖國神社に関して「私も実際に行ったが、なぜあんな暴力的な施設が平然と建ってゐるのか」と発言した。会合はその一方的な物言ひには触れることなく次の話題へ進まうとしたが、参加してゐた田中恆清神社本庁副総長（現・総長）は挙手して「私は今の質問に答へてからでないと日本には帰れない。米国にアーリントン国立墓地があるやうに、自国の戦歿者に手を合はせることに何の問題があるのか」と述べて反論された。会場に同席してゐた現地米国人学生やヒスパニック系の聴衆からは拍手が沸き起こったのだが、言挙げする必要とその効果をまざまざと経験した。

『古事記』の中では、海鼠の口の起源を語る段があり、〝口にすること〟の大切さを伝へてゐる。天孫降臨の件、天宇受売命が数多の魚に「汝は天つ神の御子に仕へ奉らむや」と問ふと、魚は「仕へ奉らむ」と答へたが、海鼠だけは返事をしなかった。そこで天宇受売命は海鼠に「此の口や答へぬ口」と言って、紐小刀で口を割く。答へなかったがゆゑの出来事である。我々日本人は、言はなくてもわかってゐるだらうと言葉に出さないことが多いのではないだらうか。しかし黙ってゐるだけでは、誤解を生じてしまふこともある。

先人たちは、この物語を通して、我々に言葉に発することの大切さを伝へ、そして言葉にはそれだけの力が宿ってゐるといふことをも示唆してゐるやうに感じられる。

〝言挙げせず〟の意味は、「言葉にしない」といふのではなく、「簡単に口にはしないが、覚悟をもって発言する」といふことなのかもしれない。

(平成二十六年十一月十日付)

自覚は行動

年の瀬を迎へる師走に、少しばかり大胆な話かもしれないが、幼い頃から感じてゐた日本についての所感を綴ってみたいと思ふ。

私はブラジル・サンパウロで生まれた。だから生まれも育ちも日本とは言へない。だからなのか、日本に対する憧れを何処かに抱いてゐる。島国の人が外国に憧れるやうに。

皆様は世界地図に浮かぶ龍を見つけたことがあるだらうか。子供の頃、地球儀を回すたびに日本列島が龍に見えて仕方がなかった。世界のどこにもほかに生き物の形をした国は見当たらないのに、日本には何か一つの生命体のやうな役割があるやうに感じてゐた。

歳を重ねるにつれ、その時に抱いた感覚は薄れるどころか深みを増してゐる。世界的な役割が与へられてゐるから、日本列島が四つのプレートが重なる大きな中継地点として世界を繋げて結ぶ役目として位置してゐるやうに感じるのだ。

最近こんな話を耳にした。世界に存在する神話の内容が各国で似通ってゐる。近隣の東南アジアのみならず西洋にさへ日本神話と近いお話があったりするのだが、一つだけ大きく違ふ点があるといふ。それこそが洪水神話。古代オリエントのシュメール神話、旧約聖書の創世記、古代アステカ文書、古くから綴られる物語の中には、大洪水が起こり、神様からの教へにより方舟で逃げた家族や多種の雌雄つがひの動物は救はれる。さういった神話が日本にもあっても良いものだが、見当たらない。その理由こそ、ノアの方舟が日本だからだと。日本といふ場所が生き残ったものを乗せる方舟のやうな存在なのだと。

この話の信憑性は脇に置いておき、もしもそんな役目が日本にあるのだとしたら、我々日本人はもっと視野を広く、環境問題や世界情勢にも見識を深め、国民一人一人の意識が変はってゆく必要があるのかもしれない。しかし報道などを見てゐても疑問を感じることが多い。テレビや携帯などで流れてくる情報は「エンタメ」「ゴシップ」で賑はふ印象がある。もっと国際的な日本の役割について考へる機会が増えれば良いのに。

一方、海外から見る日本人の印象を聞かされると姿勢が正される。スロヴェニアの街で出逢ったおぢいちゃん、台湾で乗せてもらったタクシーの運転手さん――日本人といふだけで、とても好意的に接してくださる。手を合はせて感謝されることもしばしば。何故かと尋ねると、私等が抱く日本人像とは偉大で礼儀正しいもので、自分の先祖も日本人に世話になったのだと話してくれた。

現代日本人はどうだらう？　先人たちは、日本人としての誇りや役目を意識して生をまったうされてきたのではないだらうか。日本人としての在り方……自覚は行動に現れる。今からでも各々がこの時代とこの国に生を享けた自覚を深めれば、より良い年を迎へられると信じてゐる。

（平成三十年十二月三日付）

一つの円環

神道には、教義・教典・教祖がない。筆者が米国で暮らしてゐた際、多くの宗教家と対話するなかで、他宗教との違ひを感じた一つがそれである。

だからこそ、向き合ひ方によって浅くも深くも浸れてしまふ。私的な解釈だが、一つの教義教典に縛られることがないゆゑに、どんな宗教や学問のなかにも神道と共通する心を見出すことができるやうに感じてゐる。

例へば、批判哲学で知られるドイツの哲学者カントの著書を読んでゐると、一見、神道の精神とは違ふ価値観を綴ってゐるかのやうに思へて、読み進めるうちに、その細密さや矛盾や混沌の先にある神祕を讃へてゐるのが、本能的に伝はってくるやうに感じる。実に興味深いことに、西洋哲学と神道は意外にも共通する点が多いのではないだらうか。

以前から議論されてゐた道徳の教科化が小学校は来年度、中学校は再来年度から始まるといふ。そもそも道徳とは何なのか。自分自身が学校教育で教はった道徳や倫理の授業の記憶を遡れば、担任の先生の考へ方や方針に由って、生徒たちの考へる力や善悪の解釈が如何様にも変化してしまふ印象が強かったやうに思ふ。本当は感じてゐることや疑問を抱いたことを伝へてみたいけれど、恥づかしさも重なって、どこか窮屈な発言しにくい空気……。

それよりも、不思議と小学校の理科の授業にワクワクする瞬間がいっぱいあったことを今でも覚えてゐる。アンモニアの噴水実験で、フェノールフタレインを入れた瞬間、アルカリ性に反応して赤紫色に変化する。その美しさと神祕に自分の細胞もゾクゾク反応してゐた。天文学や星座も大好きで、よく夜空を見上げてしまふ。人為的なものは自然の美しさには到底かなはない。

カントがいふところのコペルニクス的転回とはゆかずとも、分析的な思考法による批判、発想の転換は、自分の考へてゐることを否定してみるところから始まるのだらう。道徳、哲学、物理学、化学、数学、地理、歴史、天文学、宗教等々。学術的には分類されてしまふけれど、一つの円環とでもいふべきか……。物の見方を変へてみることで、「一つの環の道筋を通ってゐる」そんな感覚に陥る。

國學院大學で神道を学ぶにつれ、私は今まで受けた教育の根源的な要素を感じずにはゐられなかった。それだけ懐が深いといふか、教義教典がないからこそ、すべてに通じるのか。何が切っ掛けかは人それぞれかもしれないが、どこから始めても、どこで立ち止まっても、それは大いなる輪の中の接点で、廻り廻って、終はりも始まりもない境地。

教義経典がないといふことは、ある意味「これが正しい」と限定しない寛容さと結びつく。だから常に見直し、聞き直し、考へ直す。絶えず修理固成をし続ける生き方。人の意識とは、もっと無限なのかもしれない。

（平成二十九年六月十二日付）

無意識にある所属感

ニューヨークに暮らしてゐた頃の体験談なのだが、私は当時、国連のNGO団体で働いてをり、神職として神道とは何か？　他宗教との違ひは？　と深く考へさせられる場面が多々あった。

例へば、あるアメリカ在住十年の日本人からは「所属感がほしい」と吐露された。彼女はダイヤモンド鑑定士としてユダヤ人と職場をともにしてゐる。勤務時間は仲良く過ごしてゐても、彼らは毎週金曜日の日没には、早々と店を閉めてシャバット（休息日）に入る。家族や親しい友人とシナゴーグ（会堂）に行き、土曜日の日没まで休息する。良い関係が築けてゐると思ってゐても、ユダヤ教徒でない彼女は休日を一緒に過ごすことはできない。「キリスト教徒やユダヤ教徒が羨ましい。ミサやシャバットがあるから一体感を得られる。神道に毎週この時間は一緒に過ごしなさい、といふ習慣がないのなら、宗教とは言へないのではないか？　いつでもお参りくださいっていふのは、まるで来る者は拒まず去る者は追はずだよね」と言はれ衝撃だった。

〝来る者は拒まず去る者は追はず〟。私も若い頃は、この言葉に何処か冷たいといふか、素っ気ない、浅い関係なのかと感じたが、年齢を重ねるごとに、この言葉の真意はむしろ相手を信頼してゐるからこその関係性なのだと思はされる。今の自分にできることをやり切ってゐるから、あとは流れを天に任せてゐる。自分にできることと、自分ではどうにもならないことがある事実を受け入れてゐるからこその、来る者は拒まず……なのではないだらうか。

所属感といへば、思ひ出すできごとがある。中学生の頃、学校に行けない日々が続いてゐた。周りとの関はり方や距離の取り方がわからなくて、怖くて逃げ込んでしまった自分に、当時の担任の先生が伝へてくれた言葉が今でも印象に残ってゐる。

「人は誰しもが、所属感といふものに支へられてゐるのではないか？　それは家族であったり学校であったり。大人になればなるほど、自分が属してゐる場所があることに安心感を抱く」。

神社には確かにミサもシャバットもないけれど、参拝者が何気なくふと「あ、今日はお参りしてみよう……」と思ふ感覚を大事にしたい。それが毎日でも年に一度でも。〝機が熟す〟といった言葉や、祝詞の中にある〝今日《けふ》の生日《いくひ》の足日《たるひ》〟といふ表現にも、自分の意志だけではない、目に見えない全体の流れを感じさせる。お参りする方の心が自然と赴く時を尊重してゐたい。

ニューヨークの彼女や担任の先生の仰る通りかもしれない。神社の役割とは？　日本に暮らし、日本人として生きてゐる人々に感じてもらへる所属感や安心感。神社は無意識の中にある、家族や学校、職場ともまた違ふ、大いなる所属感を担ってゐるのではないだらうか。

（平成二十八年三月十四日付）

感じ方

神社に参拝すると、「感覚が鋭くなる」「五感が研ぎ澄まされる」といふ声をしばしば耳にする。鳥居をくぐると、柔らかな風を感じ、掃除された熊手の跡、手水舎の水の音に心が洗はれ、その水の冷たさにハッとして、心静かに御神前に向かふ。参道の玉砂利、鈴の音に聴覚が開き、手を合はせてお祈りをすると、声ではない声が聴こえてくるやうな、そんな喩へやうのない感覚――皆様にもきっと覚えがあるのではないだらうか。

四季の移ろひ、木々の語らひ、鳥のさへづりや、虫の羽ばたき、至るところに神が宿ってゐる。自分とは、自然の分身なのだと、理窟ではなく感じる一体感――例へば私はこのやうに感じてゐる。

感じ方には強い弱い、深い浅い、感じやすい、感じにくいといふ違ひもある。ただ、正解や間違ひといふことはないだらう。自分と同じやうに感じることが、正しいといふ訳ではないし、他人と同じやうに感じられないことが間違ひといふ訳でもない。生まれながらの感じ方もあれば、経験によって感じ方の変化もある。

感じる部分は一体どこからだらうか？　心。頭。体。細胞。記憶。

お風呂の温度でさへ、感じ方は人それぞれ。味覚だってさう。辛くないから大丈夫と勧められた料理が激辛に感じられたり……ちやうど良い塩梅とは以外に難しい。百人ゐたら百通り。十人十色でちやうど良い。

例へば、月の模様。日本では言はずと知れた〝うさぎの餅つき〟だが、中国では同じうさぎが薬草をついてゐるさうだ。ヨーロッパでは女性の横顔や蟹、アラビアではライオンに見えるといふ。

日本には日本ならではの感じ方がある。

相手への感受性と自分に対する感受性。敏感、繊細、鈍感、無神経。汲む、察する、推し量る。感じながらどう受け止めるか。そしてどう動くか――人の素行はそこで決まる。

日本人は感受性豊かな民族である。

赤、茜、朱、紅……色彩の名前一つとっても、何十種と表現されるほど、細やかに違ひを感じ取る敏感さがある。決して単純ではない、繊細さが日本人の合はせ持つ性質ではないだらうか。

だからこそ、相手の立場になって考へることで、自分を消してしまふやうなことも自然に起こり得るのかもしれない。自分がされて嫌なことは人にしない。しかし、自分がされて嬉しかったことが他人にとって嬉しいかはさまざまなのだ。

ただ、どうせ感じるのならば、良いことの気付きに敏感でありたいと願ってゐる。こんなことぐらゐで――と思はれるやうなことにまで多感に幸せを見つけられたら、きっと心は豊かになってゆくのではないだらうか。繊細さの使ひ道は、活かすも殺すも本人次第――世界情勢に一喜一憂しながらも。

（平成二十七年二月十六日付）

外つ国での神事

先月、スロヴェニア共和国にて初めて日本のお神輿が上がった。日本文化の広報活動をおこなふ地元の団体「ゲンキ・センター」と在スロベニア日本国大使館が主催するイベント「ジャパン・デー（Ｄａｎ　Ｊａｐｏｎｓｋｅ）の中で、首都リュブリャナの街を二時間ほど練り歩き、大盛況で迎へられた。

「お供へ物には、地のものを」とお伝へしてゐたので、現地の人々が持ち寄った味物《ためつもの》の数々は、中欧ならではの色鮮やかな神饌が整ひ、お酒も二種類。持参した日本酒の白とスロヴェニア名産物の赤ワインとが、紅白で華やかだった。大麻は現地で調達した常緑樹に、日本から持参した紙垂と麻を括り付ける。その土地で青々とした生命力をいただくことは、神事の上で必須の神具となる。

祭の真髄は祝詞だと学生時代に教はった。神様と人とを結ぶのは、祝詞奏上で発せられる言霊の力が大きい。だから、そのお祭りに見合った祝詞を毎回作文するのが神職の務めであると。恩師の教へを今一度嚙み締めながら一週間ほどかけて書き上げたのだが、現地での反応は、まさしく諸先生の仰る通りだった。風や光や温度……あらゆる自然現象を通して神を感じられると言ったら大袈裟に聞こえるだらうか。こちらが解説しなくても、祝詞奏上中、会場に集まった人々は頭を下げていらした。説明は要らない。ただその場の空気に神聖なものを感じ、自分もそこに関はってゐるのだと感じてもらへる空間に変はる。

祭りから理窟ではない一体感や連帯感を得られることは万国共通なのだと確信できた。そこに緑があれば、食べ物があれば、古式に則った神道祭祀は成り立つ。先人たちの見出した最小で最上の祭りの形態に改めて感激する。天候にも恵まれ、とても充実した神事となった。

斎了時に、神輿を担いでゐたスロヴェニア人の学生が、真っ先に近付いて来られ、とても綺麗な日本語の発音で「日本の神様をスロヴェニアの地に降ろしてくださりありがたうございました」と声を掛けてくださった時には、思はず涙が込み上げた。

イベント会場では空手、柔道といったスポーツはもちろん書道、盆栽、指圧、囲碁、折り紙に至るまで、日本を代表する文化がスロヴェニア人たちによって紹介されてをり、ローマ字で綴られた日本語の看板が掲げられたテントはかなりの賑はひを見せてゐた。キッズスペースでは紙芝居が大盛況で、花咲か爺さんなど古典的な昔話をスロヴェニア語に訳して読み聞かせてゐる。隣では、めんこやすごろく、羽子板で遊ぶ子供たちもゐる。一瞬、ここはどこなの？　と、わからなくなる。

祭りのみならず日本文化の奥深さを再認識する。日本の文化が海外で受け入れられ、彼等の日常に彩り豊かに溶け込んでゐる様を目のあたりにした感動は言葉にしきれない。それをどうしてもこの紙面でお伝へしたくなった。

（平成三十年八月六日付）

物に宿る魂

「知る」といふこと

神社に参拝に来られる方々のなかには、何か胸のうちに抱へるものを明らかにしたり、神様を通して自分と向き合ふ時間を求めてゐる方がいらっしゃるやうに感じる。

「おはやうございます」「ようこそのお参りでした」

こちらから一声掛けたことをきっかけに、御自身の中にあるものをフッとお話してくださる方がいらっしゃる。皆様もそんな経験がおありではないだらうか。

まづは知ることからはじまるのかもしれない。何も知らなければ慮ることもできない。そして、知るといふことは責任も生じるといふこと。知った後にどう行動に移すのか。分かる、理解するの手前に「知る」があるのか。ただ知ってゐるだけでは分かるとは言へないだらう。

知ったといふ現実の先には、想像力が有効だと痛感する。相手への想像力。自分に何ができるのかを想像してみること。先を読む力。視野の広さ。思慮深さ。人の上に立つ者はとくにその能力が長けてゐるやうに思ふ。

例へば神話のなかで、スサノヲノミコトが、川から箸が流れてくる現状を見て、その先に生活があることを読んだやうに、これからの展開がある程度までは感覚として、また経験として想像できる素養。日本は知らす国といはれる。「うしはく」と「しらす」。ともに統治的観念を示す言葉だが、『古事記』の国譲りのくだりでは、「汝がうしはける葦原の中つ国は、我が御子の知らす国ぞと言依さし賜ひき」と、明確な対比が読み取れる。「しらす」とは、現代的な解釈をしてみると意識や情報の共有といへるのかもしれない。

しかし、これだけインターネットが普及し、マスメディアが発達した情報空間で、真実を知ること、本質を見抜くことは厳しい環境にあるとも言へる。不確かな情報を拡散することが容易な時代だからこそ、伝へる側も責任を持って発言したいものだと筆を進めながら、私自身にも言ひ聞かせてゐる。

情報過多になる一方で、無関心な現代人も比例してゐるやうに感じる。世界中のニュースが流れてきてもどこかしら蚊帳の外にゐるやうな、鈍感さや冷たさ。ネットを通じて知ることで、責任が稀釈されてしまふ怖さを感じてゐる。

だからこそ我々神職は、仲執り持ちとして、直接的に見聞を広め深めることが求められてゐる気がしてならない。知らうとするアンテナと、伝へようとする姿勢。受信力と発信力――このバランスが時に難しいのだが、その微妙な塩梅を測るのが人間関係を築く面白味でもあらう。

移りゆく時代のなかで、氏子さんや参拝者を通じて会話のなかで情報を共有してゆく。まづは知り合ふこと。そして徐々に分かり合ふ。それが地域社会の紐帯へとなってゆくことに繋がるのではないだらうか。


（平成二十九年八月十四日付）

待つ楽しみ

「待つことは受け身ぢゃない」

月讀宮にお参りした時のこと。そんな強い意識が舞ひ降りて来た。

不束ながら、ある『古事記』の講座を任されたとき、月読命が何故、三貴神であるのに誕生以降、物語に登場しないのか？　ここに日本の神祕性を重視する奥ゆかしさがあると説明させていただいた。その続きは語られてゐなくても、すでに語られてゐるといふ永遠性。天照大御神と対で生まれられてゐるといふ事象だけで、十分なのである。

昨今では、目に見えない世界や精神世界を形式化するといふ試みや手法なるものが多様にあると聞く。その気配やエネルギーといったものは確かに存在するのだが、具現化したり人為的にまとめたりすることはどれだけ可能なのだらうか？

古のひとは、あへてそこを空白にすることで尊重してゐるのだと私には感じられる。わからなさを留めておく耐性ともいふべきか。読書にもそんな傾向があるやうに感じられる。難しい本を読んでゐて、その内容が理解できない時、何度も同じところを読み返す。でもそれだけでは先に進めない。そのわからなさを内包しつつ、頁を進めてゆくことで全体を通して把握することもある。また何年も経ってからある時、ふと腑に落ちてくる感覚があったり、そこが読書の醍醐味でもある。

現代人は待つことがどんどん苦手になってゐるきらひがある。サービス業や商売の世界でも、〝待たせない〟ことがひとつの品質の高さと判断される。待たされるといふ感覚に、一種の被害者意識が働いてしまふのかもしれない。だから「遅い！」といふ苦情を露はにしてしまふ。なんだか忙しない。

かくいふ私にもせっかちな一面があり、反省する場面がよくある。とくにわが子と接する時間の中で、待つことの大切さと優しさを実感するのである。

ただ、見てゐる。

その洞察の深さや、細かさ、難しさ。ある意味、実際に手を貸してサポートすることよりも辛抱のいること。実は待つことこそ、受動態ではなく能動態なのではないか？

見守ることは、とても前向きで積極的な行動なのだと、育児を通してまざまざと感じてゐる。待ってゐてくれるお父さん、お母さんがゐることで、子供は自分が肯定されてゐることを知るといふ。自己肯定感とは、待ってゐてくれる人がゐるから育つ感覚だと知れば、待つ立場といふのも楽しいものではないか。そんな心に余裕を持ちたいものだ。

祭の語源は「待ち居る」だといふ説もある。実際に日本の神話には、天の岩屋戸の物語の中で、神々は古代祭祀をおこなひ天照大御神の出現を待つ。やはりとても積極的な待つ姿勢が描かれてゐる。変化の著しい、移ろひやすい時代だからこそ、待つといふ〝育む喜び〟を味はってゆきたい。

時間をかけて、丁寧に。


（平成二十七年九月七日付）

物に宿る魂

皆さんは、〝物に魂が宿ってゐる〟さう感じた経験はないだらうか？

私はつい先日、娘の入園準備のため、スモックや鞄に上履き入れ等をお手製で設へようと、慣れない裁縫に勤しんでゐた時に強く実感することがあった。

ミシンの調子がすこぶる悪い。普段からあまり使ってゐないせゐもあるだらうが、電源を入れて三十分足らずの間に、針は二本折れ、ボビンケースには糸が絡まり、縫ふ以前の段階で四苦八苦。普段の手入れってつくづく必要なんだと実感し、反省しては、どうしたものかと、半べそをかいてゐた……。

何気なく、声を掛けてみる。

「ねぇ、力を貸してくれないかな。娘に丈夫なものを作ってあげたいの」「頼りにしてるよ。宜しくお願ひします」と、頭を下げた。すると突然、今までの不調が嘘のやうに順調に働き始めてくれた。まさに機嫌が直ったのである。やっぱり物だらうと生きてゐる。想ひは通じるのだ！

しかし、この「モノ」とは一体どのやうなものか。私の恩師である國學院大學・茂木貞純教授の著書『日本語と神道』から引用させていただくと、『もの』は単なる物質でなく、目に見えない霊をも意味することばであることは明らかである。ここに現象世界に対する日本人の基本的な考え方が見てとれる」とある。

物に対する価値観の一端を窺へるのが「形見分け」。故人の持ってゐた大切な物には故人の魂が宿ってゐる。だから物を継承することは、その人の魂や精神を受け継ぐこと。単なる物の相続ではなく目に見えない魂に価値を見出す。魂の依り代のやうなもの、といへるのだらう。

神話では、この物に宿る魂が〝物実《ものざね》〟といふ言葉に見て取れる。宇気比《うけひ》の場面では、天照大御神と須佐之男命が互ひの持ち物を交換して、それを嚙み砕き、息を吹きかけ、神を生み合ふ。さうすることで、心を確かめ合ふのだ。伊邪那岐命が黄泉の国から戻って禊をする際にも、杖や帯や袴など、身に付けてゐたものを脱ぎ捨てることによって、神々が生まれた。大国主神の別名、三輪山に鎮座してゐる大神神社の御祭神は大物主神、偉大な霊力を持つ大いなるモノの神といふ意味だといふ。

古くから日本では九十九神《つくもがみ》（付喪神）といふ観念があり、長い年月や経験を経た多種多様な万物が神に至るといふ民俗信仰が根付いてゐる。これも日本人の物に対する意識の表れであり、かういった感覚が基にあると物を大切にする心が自然と養はれてゆくのだらう。

調子の悪いテレビをお婆ちゃんが触るだけで直してしまふといった話を聞いたことがあるのだが、もしかすると、人に好かれる人がゐるやうに、〝物に好かれる人〟もまたゐるのかもしれない。

（平成二十七年五月四日付）

身清浄心正直

熊本地震で被災された皆様に、心よりお見舞ひ申し上げます。

〇

『身清浄心正直《みのせいじょうこころのしょうじき》』たった六文字だけれどもこれが難しい」。——と石上神宮の森宮司が仰った言葉が心から離れない。まさにこれに尽きるなぁ……としみじみ感じ入ってしまふ。正直者の頭に神宿るとは、母もよく言ってゐた。「神様は、正直で清浄なところがお好きみたい。誰が見てゐなくても天知る地知る己知るだよ」。

岡田米夫氏の著書『神道百言』のなかで「正直の頭に神宿る」は、『倭姫命世記』の「日月は四州《よも》を廻り、六合《くに》を照らすと雖も、須《すべか》らく正直の頂《いただき》を照らすべし」といふ言葉の心を採ったものだと説明してゐる。

そして、この〝宿る〟といふ表現にも意味がある気がしてゐる。例へば、バチが当たるといふ言葉がある。当たると宿るの違ひ。きっと宿る場合は、自分のなかに宿り、そのやうに生き続けてゆく。まるで自分の生き方と重なってゆく感覚……。一瞬ではない。

正直といへば、やはり子供の言動が浮かび上がる。子供はとても正直だ。そして慾がない。もうすぐ五歳になるわが子から教はることが日常のなかでも多々ある。でも親の与へ方によっては、欲しがりになってしまふ傾向があるので責任重大。物心がつく前は、与へられたもののなかで満たされてゐたのが、いつしかもっともっとと足りなさを覚えてしまふのかもしれない。欲しがってゐるうちは手に入らず、手放した時に、そこに在る……。

そんな境地を学んでゆく。

もしかしたら大人も同じで、いつしか損得勘定や自分の権利ばかりになってしまひがちではなからうか。今回この原稿を執筆する際に、「偽りの頭に宿る神あり」といふ言葉があるのを知った。正直者が馬鹿を見るとは聞いたことがあったが……。これも一つの世の道理なのかもしれない。けれども神職である以上、やはり正直者を選び続けたい。

幸ひ私の周りには、歳を重ねても、正直に生き続けてゐる諸先輩方がたくさんいらっしゃる。それは神社界に限らず、会社の取締役や、組織の代表、重要な場所に置かれてゐる立場の人ほど、大事から雑用までこなす。どんな役職に就かれても、決して奢らずに謙虚に自分の成すべきことを成せるままに果たすこと。時には指示を出すことで相手を動かす場合もあるが、基本的にはいつも自らの行動で相手を導いてゆく姿勢に、ただただ頭が下がる。真のリーダーとはこんなにも行動力があって、謙虚なのだと気付かされた。

浄明正直。かうして鑑みるに、神道には慾や煩悩といふ人間のなかにある感情や情念ではなく、そこを達観した生き方が示されてゐる気がしてならない。それはきっと、もっと透明な生き方。

だからこそ、この六文字の重みを痛感するのだ。

（平成二十八年五月十六日付）

孤独の先に

繋がりたい症候群。最近こんな言葉を耳にした。不思議な言葉だと思ふ。現代人には孤独を愛する時間がもっとあっても良いのではないだらうか。「寂しい」とか「一人になりたくない」とかいった表面的な感情ではなく、もっと本質的な自分と向き合へる時間。

孤独を深く感じれば感じるほど、内なる命の存在に出逢ふ。自分の鼓動を鳴らしてゐるのは誰か――この命を授けてくださった父母と、毎日毎日、脈打つこの身体を生かしてくださる神祕の存在とがあるからこそ、今この瞬間も生きてゐられる。そんな意識に集中すると、少し大袈裟な表現かもしれないが、自分の存在が透明になり、過去・現在・未来と受け継がれる命と重なって感じる。本当の孤独とは、とても無色透明なものかもしれない。

静の中に生を感ずる。動の中に熱を感ずる。

ひとりを知ることで、ひとりではないことを知る。

こんな時間を圧倒的に感じられる行法が「鎮魂」だと思ふ。御神前に向かって振魂をしてゐると、己の存在がはっきりと浮かび上がり、その先に、理窟なく、そして果てしなく連綿と受け継がれてきた生命の塊に触れる。身体が熱くなる。時が止まったやうな、いや急速に流れたやうな、どちらでもあって、どちらでもない不思議な時間軸に身を投じる。息の技。呼吸法は生きる原点。「息る」こと——初めてその道理を教はった時には鳥肌が立った。古の日本人の在り方とは、普遍的である。今の時代だからこそ、学び活かせる生き方がある。

そこに意識を向けると、日々を「ネット」や「ＳＮＳ」の時間で埋めてしまふのが、ただだもったいない。孤独を埋めてゐるやうで、実は深めてしまってゐるのではないだらうか。便利さと危ふさが同居してゐる。時には孤独を選び、己の本能を包み込めるのは、結局は自分自身だけなのだと私は感じてゐる。母親でも人生の伴侶でもなく。

日頃いかに独りで考へてゐるかによって、実際に人と対面した時に話す内容が深いところで混じり合ってゆく。親和欲求は、心の向け方によって満たされることも涸渇することもある。優しさや慈愛を生むことにもなれば、寂しさや虚しさを生むことにもなり得る。

一方で御高齢の方の独り暮らしが多いといふ現実にも、目を向けなければならないだらう。孤独と孤立は違ふ。世代間交流も含めて、地域社会の寄り合ひの場としての性格が神社から薄れてきてしまったことにも、多少の影響と責任とがあるのかもしれない。

来るべき高齢化社会に向けて、またネット世代の若者たちに向けて、神社界が担ひ得る役割とは――。共同体に生きるなかでの務めが浮き彫りになるのは、自らの孤独と向き合った先にあるのではないだらうか。

年頭にあたり皆様の弥栄を心よりお祈り申し上げます。

（平成三十一年一月一日付）

敬ふ心

礼儀作法の奥深さ

姿や立居振舞ひには、その人の心や人格が表れる。つくづくさう思はせられる。

私の尊敬する祭式の先生は、徹底してそのことを実行していらっしゃる。祭式作法とは、神様を敬ふ心を身体の動きで表現することだと。揖一つとっても、心が伝はるもの。全国各地の神社のお祭りに参列させていただく機会が多いのだが、大小規模は違へど、それぞれのお宮、さらには個人の神職の日頃の鍛錬や相手への思ひやりの深さが顕著に祭式作法に投影されてゐるものだと感じてゐる。

祭典中、それぞれの所役が呼吸を読みながら、相手の次の動作を感じ取りながら連動してお祭を進めてゆく美しさ。お互ひを感じながら、一つになって神様に御奉仕する姿勢やその呼吸は祭式に表れ、その動きの連動は参列者の心を清々しくしてくれるもの。神職は背中で語れとは、よく言ったものだ。わが身を振り返り、姿勢一つとってもまだまだ修行が足りないと身が引き締まる思ひに至る。

礼儀作法の奥深さ。「躾とは、身体が美しいと書く」。幼い頃から両親や親戚のをぢさんに、さう厳しく言はれて育った。礼儀の基本は相手を思ひやる心から。形ではないその意味を知ってゐるか知らないかでは身体の動作が変はってくる。

形ばかりになってしまふと素っ気なくて、どこか押し付けがましい。ここの塩梅も含めて、相手への配慮。知ってゐることをひけらかすのではなく、さりげなく身を抓《っ》む。先に相手が何を必要としてゐるのかを気付ける思ひやり。相手の気持ちを考へて行動することで、自然と礼儀正しい人になるのではないだらうか。幸ひ私の周りには礼儀正しい方ばかりで、いつもその身のこなしや、さり気ない立居振舞ひの美しさにハッと人間性の深さを感じさせられる。

新渡戸稲造は『武士道』の中で「礼は慈愛と謙遜といふ動機から生じ、他人の感情に対する優しい気持ちによってものごとをおこなふので、いつも優美な感受性として現れる。礼の必要条件とは、泣いてゐる人とともに泣き、喜びにある人とともに喜ぶことである。

礼はその最高の姿として、ほとんど愛に近づく」と綴ってゐる。

今夏、トルコにいった際、幾つかのモスクにお参りさせていただいた際にも感じられた。その国の風土に合った信仰があると。そして、お参りする礼儀作法もそれぞれの意味があるのだと。異論もあるかもしれないけれど、私はその土地や宗教に合った作法で祈りを捧げるやうに心掛けてゐる。

今でも旧祭式や古式に則ったお作法で神事を執りおこなふ神社があるのは、ある意味とても大切なことだと心得る。形ではない。だからこそ、その形を選んだ歴史や意味を尊重して、学びたい。まづは、その動作の背景を読み解く。そこでは、やはり敬ひの心に出逢ふのである。


（平成三十年十一月五日付）

畏れ敬ふ

いつからだらう。近頃、神といふ言葉が乱用されてゐる気がしてならない。皆さんはこんな言葉を耳にしたことはないだらうか、「神対応」「もはや、神」「神レベル」「神ってる」「ネ申す」どれも最上級の褒め言葉として用ゐられてゐるやうだが、どこか安易な印象を受けてしまふ。最後に挙げた「ネ申」とはネット用語で「倍角文字」といって、パソコン上で一つの漢字を横書き二つの文字で表すことで、強調したい言葉を大きくする。

柔軟に捉へれば、特段悪い傾向とは言へないのかもしれない。神様を日常的に感じることが、言葉に表れただけだと明るく捉へたい気もする。ただ、かういふ物言ひも含めて、一つの傾向として我々現代人は、気が付かないうちに、目上の者への尊敬を欠いてしまってゐたり、いささか傲慢になったりしてはゐないだらうか。

畏れ敬ふ——。これは人為的な感情ではないのだらう。対象があって自づから湧き出てくる感覚。神とは上と同音。自分よりも上に存在する対象に意識を向けることは、自分を明らかに高めてくれる。まだまだ至らない己を知り、学ぶ姿勢が前に出てくる。

畏れ敬ふ感覚は、誰から教はるものでもなく、自づから、心の中から育まれる畏敬の念。私の場合、神社で育ってきたことで、自然と感じ取ることができたのかもしれない。父が御神前に手を合はせる時、母が炊きたての御飯を神棚にお供へする背中、一人窓辺で考へ込んでゐるとスーッと差し込んでくる光、何度となく見上げた境内の木々、そんな日常が教へてくれた。

個人的な体験談だが、中学生の初めの頃、アメリカ人のクリスチャンと話す機会があった。ふと彼がかう言ったのだ。「神様は友達だ」と。その表現は衝撃的だった。新鮮にも感じたが、同時にどこか烏滸がましいやうな、妙な感覚を抱いた。高校時代には同級生が「私はママと仲が良くてまるで親友みたいなの」と言ったことに驚いた。私は母のことを友達のやうに感じたことは一度もなく、どうもイメージが湧かなかった。

また親しい友人であるカトリック神父は、こんな話をしてくれた。「神様の存在は天上高くて我々には届かない存在。だからこそジーザスをこの世に送ってくださったのだ」。

神様との距離は人それぞれ感じ方に違ひがあるのだらう。近くても遠くても、それは本人にしか分からないもの。

「恐れ入ります」。私はこの言葉が好きだ。本来、日本人は相手を立て、自分を一歩引いた距離で物事を捉へる感覚に長けてゐた民族ではないだらうか。

信仰は、位や高低では表現仕切れるものではないが、見上げる、首を垂れる、といった仕草にも、立体的な縦の軸があるやうに感じられる。横一本で階層のない平等な感覚も大事だが、慎みや敬ひも大切にしたい。

（令和元年六月三日付）

敬ふ心

今、日本人の「敬ふ心」といふものの継承が薄くなってゐるのでは……。さう感じさせる報道が続いてゐる。先の参議院議員選挙に都知事選挙。候補者も有権者も、今後この国とどう向き合ひ何を選択してゆかうと考へるのか……しかし、報道を通して聞こえてくる言動には、いささか個人の主義主張が目立ってゐたと感じたのは私だけではなからう。

自分自身、あまり政治的な発言は望むところではないのだが、今回は一個人として、また一神職として、胸中を述べたい。

憲法改正についても、反対・危険だと訴へる人々の捉へ方には、「個」の強さを感じる。「主体が個人から公へと切り替はり、個人の自由や主義主張が尊重されなくなり、国に支配されてゆくのではないか。まづは個人の自由や尊重が優先的に考へられるべきだ」。さういふ意見が私の周りでも実に多い。

勿論、人それぞれの考へ方や感じ方を尊重するのは大切なことで、それに異論はない。しかし、世界情勢が大きく変はりゆくなかで国や国民を守るためには、今のままでは現実的に厳しい条文について、もっと真剣に論じるべきではないだらうか。今ある自分も自由も、個人の力だけで存在してゐるのではない。保障されてゐる安全は決して当たり前のことではない。陰で誰かが必死で支へ、守り、犠牲を払ってゐる。

なぜ今、憲法改正なのか、問題の捉へ方が個人的すぎると、論点がずれてしまふ気がする。受け継がれてきた命や、守られてきたもの、その背景で失はれてきたもの……日本人として育まれてきた精神性が、その個人個人のなかに実感として芽生えてゐなければ、ただの利己主義で終はってしまひ、今の平和な社会の中だけで育ってゐるがゆゑの主義主張になってしまはないか。

戦後七十一年、今迄戦争が起きなかったことは、何も現存する憲法だけのお蔭ではあるまい。国を想ふ人々……国を守り散っていった先人たちの生き方や、今なほ国を守るために働いてゐる現場の方々の厳しい現実にもっと刮目すれば、自らの自由の主張の前に、今ある命に対して敬ひの心が自然と湧き上がるのではないだらうか。この受け継がれてきた命の重みをまづ、感じてゐたい。

話が逸れるかもしれないが、私が妊婦だった頃や乳呑み児を抱いて電車に乗った際、老若男女問はず、多くの方々から席を譲ってもらったり、声を掛けてもらったりしたことがある。ありがたかった。日本もまだまだ捨てたものではないな、と強く感じた。人間は本来、思ひやり深い生き物ではないか。そして、そのおこなひは循環する。対峙するのではなく、相手への敬ひを以て接する。少しの意識で世の中は変はってゆくと信じてゐる。

「敬神崇祖」。神職には、馴染み深い言葉だが、一般的には意外にもあまり知られてゐない。日々、神明奉仕に生きる我々の姿勢が、今、世の中に問はれてゐる気がしてゐる。

（平成二十八年八月二十九日付）

言霊の遣ひ手に

前回、「敬ふ心」について書かせていただいたのだが、今回はその延長として、敬語について考察してみたい。文化庁が毎年実施してゐる国語に関する世論調査に、なかなか興味深い結果があった。日本人の対人配慮が減ってゐるのではないかといふのだ。

例へば、食事を勧める時に「お口に合ふかわかりませんが」、食べてもらった後で「お粗末でございました」、贈物を渡す時に「つまらないものですが」——など、気配りを表す言葉を添へるか否か、との問に対する「使ふ」との回答が、平成二十三年度調査では、平成十年度と比べて約十パーセントほど減ってをり、かういった言ひ回しが使はれなくなってきてゐる傾向が見て取れる。

自分が尊大にならないやうに、その心が言葉に表れたものだが、対人配慮が減ってゐるといふのは、相手を敬ふ心より、自分の主張の方が強くなってゐるといふ一つの事象かもしれない。

また若者の間では、敬語を敬遠する傾向がある。敬語は固苦しく距離を感じさせるからと、すぐに〝ため口〟で話さうとする人もゐる。仲良しの度合ひを測る物差しが〝ため口〟といふのは少し味気ない気がするのだが。

イギリスの言語学者によれば、円滑な関係を求める言語行動には、「相手との距離を保ちたい」「あなたの領域には介入しません」といふ表れである〝ネガティヴポライトネス〟と、「あなたとの距離を縮めたい」「認められたい」といふ気持ちの表れである〝ポジティヴポライトネス〟とがあるといふ。そして〝ため口〟は、この〝ポジティヴポライトネス〟に通じるとの研究もあるが、〝ため口〟を求める指向が昂りつつあるとしたら、これも日本人の自己主張が強くなってゐるといふことの現れなのかもしれない。

言葉を相手にどう発するかによって、互ひの関係が築き上げられてゆく。会話は大切なコミュニケーションの第一歩。だとしたら、神々を敬ふ我々神職には何ができるのだらうか……。まづは参拝者に敬意を以て声を掛けてみるといふことなのだらう。

お掃除の時、授与所にて、御祈禱の時、どんな場面でも、まづはこちらから挨拶してみる。「おはやうございます」「ようこそのお参りでした」。すると意外にも、まるでこちらが声を掛けるのを待ってゐたかのやうに、よく話してくださる場合がある。実は、神社側が発するものを受け取りたいと感じていらっしゃる参拝者は多いのではないか。

ネット社会だからこそ、直接言葉を遣って声を掛けることの大切さも増してゐるのではないだらうか。だとしたら、その言葉は、参拝に来られた方の迷ひや疑問を晴らすやうな、御本人と神様との結び付きを感じさせる良い言霊を贈りたい。笑顔も添へて。

祝詞作文をする我々神職は、ある意味では言霊の遣ひ手。相手との心地良い関係性を築いてゆく言葉のプロフェッショナルでありたい。


（平成二十八年九月二十六日付）

神様の温度

風に頭を撫でられてゐるやうな感覚、皆様にも覚えがないだらうか。温度。温もりやその熱。神様の気配を肌で感じる時、そこには確かに温度を感じる。冷たさも暖かさも。四季があるのは、気温の変化があるからこそ。

今年の梅雨はなかなか明けなかったが、それがまた趣きを感じる。朝昼夜と気温の差が激しいが、それはまるで一日のなかにも四季があるかのやう。空気は廻り動いて生命を輝かす。暦もさう。日本人が二十四節気などを大切に重んじるのは、そんな空気の振動や変化を敏感に捉へられてきたからなのだらう。心模様も、繊細に日々変化してゆく。身体だけではなく、心にも熱がある。

一般の方から時々受ける質問の一つに、神社に奉仕する人はみんな霊感や五感が強くないといけないのかと。確かに神職になると五感が研ぎ澄まされてゆくのは、事実だと思ふ。

仲間の神職さんも皆それぞれに個性があって、誰しも繊細なのだ。神社界ではない方とお仕事をする機会が多くなればなるほど、この感覚や共通認識の重なりが、当たり前ではないのだと、浄明正直の基本姿勢が身に付いてをられる方と御一緒するとすぐにわかる。

嬉しかったり恥づかしくなったりすると、人間の体温は上昇する。逆に悪い予感がする時、悪寒が走る、寒気がするなどと、頭ではなく身体が反応して教へてくれる。とても単純で素直な感覚……。ここに生きる力の源を感じる。

先日、ある御縁の深い神社にお参りしてゐた時のこと。御神前に手を合はせて、今までのこと、これからのことを感謝申し上げ、心静かに瞳を閉ぢてゐた。すると、言葉では何とも表現し切れないのだが、ふはぁ……っと背中が暖かくなり、大いなる存在に包まれ、自分の身体が軽くなったやうな感覚に陥った。隣の人が私の肩を叩いた。目を開けると、その人は後方を指差した。するとそこには、今まさに御本殿のなかへと向かって参進してくる浄衣姿の斎主以下祭員が列をなしてゐた。そんな折に触れるとは予期してゐなかったから、余計に驚き、まるで本当に神様がお渡りになられてゐるかのやうな道すぢを感じて、心に込み上げるものを抑へられなかった。美しかった……。あの時の温度をきっと私は一生忘れないだらう。

禊の際に、水に入る前に鳥船神事をする。これは身体を温めておくことも一つの目的だといふ。道彦さんに合はせて、真剣に身体を動かし声を出してゆくと段々と体温は上昇してゆく。しかしこれは、単に身体の動きによるものだけではないやうに感じる。己の気が上昇する時、神様の気配がそこに重なってゐるのではないだらうか。

神様のお姿は目には見えないけれど、確かに温度や熱となって現れていらっしゃる。私はさう感じてゐる。

（令和元年八月五日付）

神様との結びつき

神様との結びつき

「神様、だっこしてー」と、娘はいつも実家のお宮に帰って来ると真っ先に御神前に向かって走り出す。

私は、小学一年生から境内にある社務所で暮らしてゐたが、「おはやうございます」「いってきます」「今帰りました」、何かあったら御報告や決意表明「どうぞお導きください」など、時には言葉を発し、時には心中で、幾度となく手を合はせてきたけれど……この「だっこしてー」といふ感覚は初めてで、ハッとさせられた。神様との結びつきを信じる時、人は素直で、無邪気で、生まれたままの心になれるのかもしれない。

最近、自己肯定や自己愛といふ言葉をよく耳にする。確かにそれも大事だとは思ふのだが、個人的には多少の違和感を覚える。単純に私が未熟なだけかもしれないが、どこか自意識過剰といふか、個人主義的な要素を感じてしまふ。本当に自分のことを受け入れるといふことは、私には一生かかっても難しいことなのかもしれないが、ただ、自分の生を受け入れることならば、この歳まで自然と育まれてきた気がする。

この生命は、分け御霊――さういふ感覚が根っこにある。

自分個人のものではないから、粗末にしてはいけない。この命の使ひ方に、今の時代だからこそ果たすべきお役目があるといふこと。それぞれに。だから相手の命にも祝福と尊重とを自然と感ずるのだ。今でも自分のことを好きかと問はれれば、よくわからないのが正直なところだが、授かったこの命や、この世にいただいたお役目を果たすことには忠実でありたいと、ただ受け入れてゐる。

年を重ねると、どうしても好き嫌ひや私情といふ心の傾きが生じるのが人間なのだらう。五歳のわが子や同じ幼稚園に通ふ園児たちを見てゐても、さう感じる。

心の成長に伴ひ、言葉の裏を読んだり、ひねくれてみたり、相手を試してみたり、自分が一番になりたがったり、なかなか人間とは複雑極まりない。ある意味では生きてゐるだけで、誰か（とくに身内）を傷付け自分を傷付けてしまふ生きものだ。

でもきっとそれは自然なことで、否定しなくても良いこと。そして、それが自然だからこそ祓ひ清めるお役目として、我々神職がゐるのではないだらうか。大祓詞の一文のやうに人間とは罪を犯すもの。でもその罪を清めようとすることこそ、人間の真の姿だと。以前にも書いたことだが、ここに神意を感じる。

ある意味で、自己否定は他者との比較からくるもの。だとすれば、自分が自分を肯定できるのは他人との関係性のなかにこそあるものとも言へないだらうか。好きも嫌ひも相手があってこそ抱く。

みんな神様から、だっこされて生きてゐる。好き嫌ひを越えて、生命を祝ふことが、我々神職の在り方なのかもしれない。

(平成二十八年七月十八日付)

怒りの純真

育児をしてゐると、喜怒哀楽のすべてが人間に必要な感情なのだと学ばされる。今年三歳を迎へた娘は、いはゆる第一次反抗期の真っ只中で、気に入らないことがあると怒りを露にすることも増えてきた。今まで、笑顔の絶えない子だったのに、二歳のイヤイヤ期で否定を覚え、その感情はエスカレートし、反抗期を迎へる。

そこで、産まれて初めて抱く感情が、怒りではなかったことにも気付かされる。怒の感情を抱くことは、成長の証なのだ。好き嫌ひがはっきりと表れ、自分の意志を伝へる手段として用ゐてゐる。本来の怒りとは、とても純粋なものなのかもしれない。

怒りといふ新たな感情を得たら、次の歩みは、それをコントロールすること。娘を叱るたび、「〝怒る〟は自分が主体だけど、〝叱る〟は相手が主体。〝怒る〟は感情的で、〝叱る〟は冷静。〝叱る〟の先には激励がある」といふことを伝へてゐる。人は叱られることで、他人の思ひや痛みを知り、相手の立場になって考へることを身に付けてゆく。叱られながら吸収してゐる。

叱られたといへば、高校二年生の時、姉と喧嘩して「お姉ちゃんは私のことが嫌ひだからそんなこと言ふんだ！」と、漏らした。その瞬間、姉の表情はみるみる鬼のやうに赤くなり「今の言葉は取り消しなさい！　そこがわからないのなら、何を言っても伝はる訳がない」と真剣に叱られ、諭された。〝叱るのは愛情があるからなのだ〟と。

母親になった今、まさしく叱ることの根柢には愛があることを実感してゐる。愛がなければ叱る気にもならないし、また叱ったとしても決して伝はらないだらう。

最近では、叱られたい若者が増えてゐるといふ。怒られないと自分を本気で思ってくれてゐるのか不安で、他人から叱られることによって自己を実感するといふのだ。「ネット」を通じた付き合ひが増える現代社会で、感情をぶつけ合へる本音のコミュニケーションを取りたいといふ願望が若者たちに広がってゐる。

何故、御祭神には和魂《にぎみたま》と荒魂《あらみたま》があるのか……。人を育ててゆく上で、また人間が成長する上では、和やかな魂も、荒ぶる魂も必要不可欠なのだらう。その両方がお祀りされてゐるといふことは、古の人々がその真理を悟ってゐたといふことではないだらうか。

これはまったくの自説だが、成熟した人ほど、怒の感情をコントロールするのが上手い。怒りを制禦しながら、純粋な怒りの原因を伝へ、相手を導いてゆく。もし怒を火に喩へるのなら、原始人が火の扱ひを覚えて飛躍的に進化を遂げたやうに、怒りの遣ひ方も成長具合を反映してゐるのではないかと、怒を出すのが未だに怖い私は、また自分の未熟さを自覚するのである。

（平成二十六年十二月八日付）

話を作らない

近頃とくに実感してゐるのだが、物事の話がこじれた時には、間に誰かが入って話を作ることで、点から点へと一本の線にはならず、最終的に目的地へと辿り着けてゐないことがある。物事を真っ直ぐに進めてゆきたい場合は、人を介さずに自分の言葉と態度で伝へた方が相手に伝はると私は感じてゐる。間接的に人を通すと、本人に悪気はなくとも、真実とはねぢ曲がった形で伝へてしまふこともあるのだらう。

もしも自分が人の間に立つ場合は、誤解が生じないやうに細かく留意したい。でも、たとひ相手に直接伝へたとしても、些細なことから誤解が広がってしまふこともある。

そんな時、丁寧に絡まった糸を解いてゆくと、自分勝手な解釈や先読みに因って歪みが生じてゐることが多いのだと気づく。

不透明で見えない箇所を、勝手に詮索することと、おもんぱかることとは大きく違ふ。

「どうして同じ言葉を話してゐてもこの人には伝はるのに、この人には間違って伝はってしまふのだらう……」皆様もそんな疑問を抱いたことがあるのではないだらうか。自分の解釈とは、時に都合よく、己が理解できる範疇で話を組み立ててしまってゐるものかもしれない。相手が汲み取ってほしい想ひや、敢へて言葉にするのを遠慮した部分を取りこぼしてしまってゐる場合も、きっとあるのだらう。

娘ともそのことでよく話し合ふ。「お母さん、お話作らないで。私はさういふつもりで言ってゐない」としっかり反論されることもしばしば。ハッとする。不明瞭な部分を自分がさうだから相手もきっとさうだらうと、勝手に話を埋めてゐた。誤解されることは悲しい。いちいち言ひ訳をしたくない時もあるだらう。だから、理解したと鵜呑みにせずに、本人に確認する一手間を、大切な人やことと関はる時には大切にしたい。

人の想ひを汲み取れる人になりたいけれど、歳を重ねた分だけ、自分のパターンができてしまってゐて、いつの間にか独り善がりになってゐる場合もある。まだ八歳の柔らか頭で自由な娘との日常のなかからその難しさを実感してゐる。

一つの神話が思ひ過る。天若日子が地上へ派遣され、八年間復奏しなかった。高天原から遣はされた鳴女がその理由を問うた際、天佐具売は天若日子に鳴女を射殺すやう進言する。放たれた矢は天へと向かひ、返ってきた矢は天若日子を貫いた。佐具売とは探る女とも読み取れる。

結局のところ、成るやうに成るもの。遠回りをしても、自らのおこなひや選択は何らかの形で自分に返ってくる。誰の話をどう受け取るかも己次第。思ひ込みや疑ふことで得られるものは、どれほどのものなのだらうか。

八百万の神々が存在するやうに、きっと我々の心模様も八百万。それぞれの物語に、ちやんと耳を傾けられる人になりたい。

（令和元年十二月九日付）

常若に生きる

「移ろひやすい時代の中で、変はらないものを探し続ける」。筆者が十代の頃に憧れを抱き、影響を受けた音楽家が発した言葉である。

年を重ねてもどこかこの言葉が頭にあり、〝変はらないものはあるのか。変はらないことが良いことなのか悪いことなのか？〟ぼんやりと、その価値について摸索してゐた。

昨年、宮司である父が病で集中治療室に運ばれた。お蔭様で一命を取り留めたのだが、このことをきっかけに「お宮を守り続ける」とはどういふことなのか、家族も総代も、氏子も真剣に考へさせられた。いづれは世代交代といふ時期が来ることをはっきりと意識した。きっとこの原稿を読んでゐる方の中にも同じ意識をお持ちの方がをられるだらう。

神道には「常若」といふ思想がある。神宮の式年遷宮を通して、一般の方に広くこの言葉が流布されたのも記憶に新しい。私が御奉仕するお宮に式年遷宮の制はないものの、この精神はどこのお宮にも共通する「神社をお守りし続ける有り様」を投影してゐる気がしてならない。

自分の代だけ幸せならいい――さういふ次元の発想で長続きはしない。人一人の寿命には限りがある。過去から未来へと続く歴史の中で、我々はある世代の間だけこの世に生を預かり、今を生きてゐる。それは、御先祖様のつながりを受け、子孫への引き継ぎに向けられた限られた時間。今の時代、目に映る現実には忙しないと感じられることが多々あるのだが、実は目に見えないものほど変はらない強さや確かさがあるやうに思へる。

街並み一つとっても、店舗や家屋の建替へが著しく、短期間で変貌してゆく。パソコンや携帯電話といった電化製品も常に最新機種が発売され、テレビやインターネットを通じて新しい情報が雨の如くに降ってくる。この現実を心はどう受け止められるのだらうか。

他者との会話や新しい出逢ひの中で、毎日自分の感情や知識が上書きされてゆく。でも「常若の精神」を意識し続けてゐると、古いやり方や愛着を消去するのではなく、却って情報をアップデートすることで自分の中で価値観の取捨選択が促されて、信念とでもいふべき自分の中にある核を見出してゆくことがある。変はりゆく中でこそ、変はらない精神が育まれてゆく感覚。自然の風景も雲一つ波一つ同じ形はないのだ。絶えず動き、風は吹いてゐる。

式年遷宮に見られるやうに、変はりゆく中にあっても変はらずに祈りや感謝を受け継いでゆけるのは、常若の精神がしっかりと根付き実践されてゐるからこそなのだらう。

人一人の命は永遠ではない。しかし命は循環する——その永遠性。落ち葉はいづれ新たな芽吹きのために土へと還るのだ。常に若返る。変はらないものは変はりゆく中にこそ存在するのではないか。さうして今日もまた何処かで新しい命が誕生してゐる。

（平成二十九年二月二十日付）

一所懸命に潔く

子供の頃、一生懸命といふ言葉が好きだった。真剣に命を懸けて打ち込んでゆく姿勢に勇気をもらひ、感銘を受けてゐた。

個人的には真っ先に母の姿が浮かんでくる。一つの物事に対して、いつも限界まで考へて、寝食を忘れて与へられた役割を果たさうとしてゐる。時に我儘な娘の要求を果たせずにゐると、「お母さんは、ギリギリまで頑張ったつもりだから、できないことがあったとしても、やるだけやったから悔いはない」と、何とも潔い答へが返って来たものだ。不満を感じてゐた自分が恥づかしくなる。

いつの頃だったか、一生懸命といふ言葉は一所懸命からきてゐると知った。元々は鎌倉時代の武士たちが将軍から賜った土地や、先祖代々伝はってゐる所領を命懸けで守ったことを「一所懸命」といひ、そこから命懸けで取り組む姿勢が「一生を懸ける」に通じて現代では「一生懸命」と表記される機会が多くなったのだといふ。

若い頃はなんとなく一所懸命よりも一生懸命と書いた方が真摯といふか、より本気で継続的に気持ちを籠めてゐるやうに感じられた。一所懸命は短期間でその時だけ打ち込むやうな、どこか冷たさを感じてしまふ……そんなイメージがあった。ところが年を重ねるにつれ、ひとところに誠実な一所懸命の方が重みを感じるやうになってゐた。次がもうないかもしれない覚悟を持ち、一つ一つ丁寧に臨んでゆく姿勢。

つい先日、娘の運動会で年長組のリレーを観戦したのだが、自分の持ち場に全身全霊を懸けて走り抜く、まさに一所懸命な姿を目の当たりにした。

ひたむきで、全体のことなんて計算してゐない。愚直なほどに目の前しか見てゐない。転んでも躓いても、どんなに相手との差が開いても、次に襷を繋ぐため、今自分にできる精一杯で走る。ただそれだけ。

先月、帰省した際に尊敬する先輩神職さんたちがこんな話を聞かせてくださった。

「自分が舵を執るときは、もうあれこれと考へずに眼前にあることに集中する。初めから先を見越してなどゐなかった。気が付けば道ができてゐた」。すると彼をサポートする立場の方がかう仰った。「長はそれでええねん。一歩引いて、全体の景色を把握するのは私の務めですから」。

さりげない会話のなかに、お二人の信頼関係と人間性を感じて、静かな感動が沸いた。

持ち場や視界はそれぞれ違ってゐても、要所要所で自分のやるべきことを果たすことで、立体的に物事が果たされてゆくのだ。

一つの事柄を懸命に積み重ねてゆくと、振り返った時、知らずと道になってゐるもの。神道は「道」。教へではなく道である所以を、神明奉仕をさせていただくたびに実感する。続く道のなかで、今この瞬間を生き切る。一所懸命に。

（平成二十九年十一月六日付）

白の高潔

清めるといふこと、清らかであるといふことを神道では根本に据ゑてゐると言っても過言ではないだらう。

ある国連ＮＧＯ組織のオフィサーとして米国ニューヨークで神職を務め、諸宗教との対話活動に従事してゐた頃、「神道と諸宗教との違ひは何か？」とよく問はれた。

教義・教典・教祖を持たない。プューリフィケーション（ｐｕｒｉｆｉｃａｔｉｏｎ・浄化の意）の価値観。――この二点を私なりの答へとしてゐた。

神社に参詣する際には、手水舎で身を清めてから御神前に手を合はせる。御祈禱でも祭典でもまづ修祓から始まり、祈るのは身を清めてから。

年越しの大祓。元旦前夜には、日頃溜まった気枯れを祓ひ清め、心身共に浄化された状態で歳神さまをお迎へする。その際に奏上される大祓詞の中にも罪穢れが清められてゆく様がありありと表現されてゐる。

「人間は罪を犯してしまふ生き物だ。だが、その罪を祓ひ清めようとするのも人間」

権正階の指定神社実習の際にお世話になった青森県の高山稲荷神社元宮司、神社本庁元総長、故・工藤伊豆氏の言葉が心によぎる。

キリスト教でいふところの原罪とは違ふ罪との向き合ひ方。

神職の装束にもその精神は表れてゐるやうに感じられる。まだ資格を持たない研修生の袴の色は白。それから浅葱になり紫へと進む。その上は紫地に紋が入り、そのさらなる上は白地に白の紋が入る。お察しの通り、遠目で見ると、研修生と同じ袴に見える白い袴。よくよく近付いてみると白い紋が入ってゐる。

この奥ゆかしさといふべきか、ハッとする感覚が日本人らしいと私は感じてゐる。白い服といへば、結婚式での白無垢姿や、お葬式でも古来の日本では喪服は白だったといふ。

言葉ではどうだらうか？

敬白、謹白、告白、白状、潔白……

白が用ゐられるだけで、統一した誠実さといふか、曇りのなさを感じさせる。

これは個人的な話になるが、二十二歳で実家から離れ上京して数カ月経った頃、自分の身も心も汚れてしまってゐる感覚に陥り母に打ち明けたことがある。

「自分はこの伏魔殿でどんどん清らかさが失はれてゆく気がする。このまま純粋に感じたままでは生きてゆけないの？」

すると母は、かう答へたのだ。

「お母さんは真っさらなタオルの白さよりも、使ひ古した雑巾の白さのほうが美しいと思ふの。使はれずに白いままでゐることは簡単。汚れたっていふことは、誰かの役に立ったといふことでもあるんぢゃないかな。穢されても美しくあらうとする心があれば、清らかさは保てるのよ」

白髪混じりの母に諭された。歳を重ねると人は髪の毛までも白くなってゆくのだと。人は生まれながら白に還ってゆくものなのかもしれない。

（平成二十七年一月十九日付）

複雑さを楽しむ

お仕へすること

先月、湊川神社の楠公祭に参列し、歌を奉納させていただいたのだが、今の時代に失はれつつあるモノをひしひしと感じた。

忠誠心――この身を捧げて生き抜くといふこと。それはまるで天と地を結ぶ一本の筋のやうに、一人の人間の人生がスッと浮かび上がる。感覚的なものだが、はっきりとその輪郭が我々に何かを語りかけてゐるやうな気がした。

現代人は「仕事」といふ言ひ方を嫌ふ傾向がないだらうか。仕事といへばどこか義務的でやらされてゐるやうな感がどうも否めない。

だから最近は〝仕事〟ではなく〝志事〟と書く方がしっくりくる、そんな話を耳にした。その言ひ回しも確かに素敵ではあるが、「お仕へする」、さう芯からお慕ひできる相手がゐることは尊いことで、さう選択できた自分にも誇らしさや、もっと豊かな感情を抱いてゐるのではないだらうか。

二つの場面が浮かび上がる。

私事で恐縮なのだが、お義父様が亡くなられた時、お義母様が、「私があの人に仕へて……」と思ひ出話を聞かせてくださった時、夫婦の絆といふものを強く印象付けられた。

お産の時に分娩台で初めてわが子と目が合った瞬間、まだ人間になりきってゐないその神々しい小さな存在に、思はず「一生お仕へします」と手を合はせてゐた。

お仕へするといふことは、他人事でなく実はとても身内的な感覚なのかもしれない。日本はやはり国といふよりも家族といふ一つの共同体のやうに感じてゐたのではないか。他人といふ認識よりも、命はどこかで繋がって、御縁があった人とは家族のやうに結束する。

仕事といふ概念が、個人の労働といふよりは、「相手は何を求めてゐるだらう」「どうすれば喜んでくれるだらう」と、その要求に気付ける細やかさや純粋な行動が始まりのやうに感じられる。

大人数で一つのことを成してゆく連携した姿勢で、自分自身が何かを成し遂げられなくても、周りにゐる誰かが成し遂げられるやうに、その人の力が発揮できるやうにお支へする。働くといふことは、傍を楽にすること。

人の役に立てる自分であること――さうあり続けることは決して容易ではない。だからこそ、プロ意識といふべきか、自身が担ふ仕事への責任感も強くなる。この身を捧げて生きることは、どこか清々しくて潔い。

悲しいことに、昨今では自分が何者で、何がしたいのかもわからない若者が増えてゐると聞く。自分に焦点を当ててばかりだと、かへってわからないのかもしれない。

相手は自分を映し出す鏡。対人を通して自分のやりたいことや為すべきことが見えてくるものではないだらうか。

さういふ意味で我々神職は、神様と毎日向き合はせていただける環境であることが、とてもありがたくて忝い。

やはり今日も自然と頭が下がるのである。

（平成二十九年七月十日付）

遺伝子の祈り

先般ある催しで、筑波大学名誉教授・分子生物学者の村上和雄氏と共演させていただく機会に恵まれた。自分の出演の後、楽屋で落ち着いてゐると、その講演内容がいたく耳に入ってくる。テーマは「日本人の利他的遺伝子スイッチをオンにする」。

今こそ日本人の出番。思ひやりや察することを美徳としてきた日本人はミラーニューロンと呼ばれる脳の神経回路の働きが発達してゐるのではないか。その活動の基盤に遺伝子も関与してゐる。祈りは遺伝子のスイッチをオンにする。人の喜びを自分の喜びと感じる時に、良い遺伝子がオンになる。

ある参拝者からの言葉を思ひ出した。「御祈禱を受けた後に、遺伝子が目覚めたやうな感覚がありました」「細胞が喜ぶ」「自分がここに御縁があったのは御先祖様からのお導きだと感じます」など、神社で御奉仕をしてゐると、そんな声を掛けていただくことがしばしばある。人間は三十七兆とも六十兆ともいはれる細胞でできてゐるといふ。神社にお参りするといふことは、その細かなところにまで意識を及ばせるのか……もしくは自分を超えた存在と繋がることなのかもしれない。

では、日本人の遺伝子とは……篠田謙一著『日本人になった祖先たち』によると、

日本人にもっとも多いミトコンドリアＤＮＡはハプログループＤで、人口の約四割を占める。（中略）もし、渡来人が縄文時代から続いた在来社会を武力によって征服したのであれば、その時点でハプログループＤは、著しく頻度を減少させたでしょう。また、Ｙ染色体ＤＮＡなどを見ると、日本の社会は大きな混乱もなく渡来した人たちを受け入れて、新たな社会を作ったようにも見える。（中略）激しい戦争や虐殺行為がなかったことを示しているようにも見えます。

――とある。他国の文化や宗教が入ってきたとしても、排除することなく共通する良いところを選び、自分たちの生活に取り込んでゆく。さういへば年末年始の日本人の行動も、クリスマスに除夜の鐘、初詣と、ややもすると節操がないといふ印象を受けるのだが、実

はさういった行動を生む一因は日本人の遺伝子にあるのかもしれない。いつの時代もさうすることで生き永らへてきたといふ一面もあるだらうか。宗教的な行事を〝宗教〟として捉へるよりも〝暮らし方〟として捉へる方に重きを置いてゐるやうにも感じられる。

また村上氏は著書『人は何のために「祈る」のか』で、〝祈る〟の語源は、〝生宣る〟であり、〝のり〟とは、祝詞や詔と同じだと説く。そして、祈りとは「生きてゆきます」と宣言すること。すると、遺伝子が活性化して、いきいき生きられるやうになるはず。と綴ってゐる。その一節を読むだけで、心が明るく朗らかになる。この一年も皆様の命が光輝くことを心よりお祈り申し上げます。

（平成二十八年二月八日付）

禍津日神と直毘神

なんてことをしてしまったのだらう。心が後ろ向きに囚はれクヨクヨしてしまふ時、神話を読み返すと、改めて大きな発見がある。とくに、伊邪那伎命が黄泉の国から戻って禊祓をする件からは学ぶものが多いと感じてゐる。

伊邪那伎命がまづ始めにしたことは身に著けてゐるものを脱ぎ捨てて、本来生まれた姿になること。勢ひの速くも弱くもない中程のところに身を置くこと。それは全体の状況を把握してゐるといふことであり、それぞれの区分けや躍動の違ひを存知すること。自分を見つめ返す時の心の在り方を示してゐるかのやうだ。まさに中庸の極みとでもいふべきか。

さうして身をすすいだところ、八十禍津日神、大禍津日神が誕生する。次にその禍を直さんとして、神直毘神、大直毘神が生まれる。身に付いた穢れを自覚して改める。すぐに直さうとする素直さ。身に著けてゐたものを手放し、すべてをさらけ出した時に、自分の咎過罪穢といったものが露になり、それを改め直す。さうすることで、水の力――底、中、上の勢ひをお借りして新たな神を生み、禊の最終結晶として三貴子の誕生へと繋がる。一連の流れで訓み解くことで、要所要所の意味が深まってゆく。

個人的な感覚ではあるが、住吉大社にお参りへゆくと、いつも独得な風を感じる。底、中、上の風が渦巻いて、魂を底上げしてくださるやうな感覚をいつもいただける。神話に語られてゐる世界を肌で体感することができる。

禍々しいことに目を向けるのは、怖い。でも世の中には、本居宣長が『直毘霊』で語るやうに「せむすべなし」といふ現実が必ずあるもの。だからこそ、本人の捉へ方や受け止め方で、禍や災ひの価値は変はってゆくのではないだらうか。

春から小学生になる娘にも、起こってしまったこと、また自分から言ってしまったこと、やってしまったことを悔やんだり責めたりするよりも、その後でどう改めるのか、そこから湧き出る感情をしっかりと捉へて、次の行動を選択してゆくことが大事だよ。と伝へてゐる。神様だってさうやって成長されてゆくんだよ。と。

私が御奉仕する神社では厄神祭に毎年多くの参拝者が訪れる。厄除の御祈禱を終へた社頭講話の中で『厄』はお役目の『役』とも捉へられます。厄年に当たるといふことは何かのお役目をいただいてゐるといふこと。どうぞ、御自身にしか果たせないお役目を全うしてくださいね」さうお伝へすると、御祈禱を受けられた方は厄年の過ごし方が変はったと、清々しいお顔をしてお帰りになる。

今頃は新年度にあたり、新しい環境に身を置かれてゐる方も多いだらう。見直し聞き直しの精神を尊び、伸び伸びとその感性を発揮されることをお祈り申し上げたい。

（平成三十年三月十二日付）

冷え枯れる

冷え枯れる——最近この言葉が頭から離れずにゐる。

ある茶の湯の勉強会に参加した時に初めて耳にしたのだが、侘び寂びの原点あるいは究極がそこにはあるといふ。

侘び茶の祖とされる村田珠光が、弟子に与へた教訓書「心の文」の中で、

当時、ひゑかるゝと申て、初心の人体が、びぜん物、しがらき物などをもちて、人もゆるさぬたけくらむ事、言語道断也。かるゝと云事ハ、よき道具をもち、其あぢわひをよくしりて、心の下地によりてたけくらミて、後までひへやせてこそ面白くあるべき也

――と伝へてゐる。

冷えるには、まづ熱が必要で、温度が高いからこそ冷えることができる。枯れるのも、瑞々しく、咲いてゐた時期があるからこそ枯れゆくことができるのだ。

一過性ではない美徳。ありのままの一生を受け入れてゐる。昨今ではアンチエイジングなどといふ言葉が一人歩きしてゐるが、大いなる循環に身を置くと、やはりどこか不自然なものを感じてしまふ。自分の老いにも四季の移ろひにも相手の心に細かく描写される変化にも敏感に生きてゆきたい。

桜が咲き誇る美の先には、散り際の潔さや儚さがあり、そこに無常の美しさを感じて已まない。

現在、社会問題として、スポーツ界や芸能界などの各界において世代交代がうまくゆかない現実があるといふ。引き際、引退の時期が伸び伸びになり、若手が活躍する機会が廻ってこないといふのだ。

経験豊かな先輩が、未熟な後輩を叱咤しながらも根気強く育ててくれるのが世の常ではなからうか。道を極めてゆくには、華々しい舞台から次世代に襷を繋げ、支へられる側から支へる立場に、ゆるやかに変化してゆく過程が必ず訪れる。

私事で恐縮だが、自分がステージに立つ際にも、本番に焦点をあてて、稽古をして熱を温存し、表現する。そして、咲き枯れてゆく……まるで自然の循環そのものなのだ。

珠光のいふところの〝心の下地〟にこそ面白みがあるといふことだらう。さう感じられることの豊かさ、懐の深さが、経験の土壌に落とし込まれてゆく。

備前焼や信楽焼には「土」そのものの風合ひがあり素朴さがある。虚飾をとり去った後に残った本質がそこにある。ただ手にするだけでなく、良い道具を十分に味はひつくしてから得られる境地。これは感情にも言へることなのではないだらうか。いはば「心」を味はひ尽くす……冷え枯れるほどに。

〝冷え枯れる〟といふ感覚は、とても豊かな感情なのではないかと、ふつふつと私の心には静かな熱が宿ってくるのである。

（平成二十七年六月八日付）

複雑さを楽しむ

最近読んだコラムに、現代人は複雑なことを理解することが苦手な人が多い傾向がある。と書いてあった。果たして本当にさうなのだらうか……。さうだとしたら、なんて勿体ないことだらう。

第百五十三回芥川龍之介賞受賞作家でもある又吉直樹氏は著書『夜を乗り越える』で、「複雑なことを複雑なまま理解できた時の方がよりおもしろい」と綴ってゐたが、私はこの言葉にいたく共感を覚える。

自分の話で恐縮だが、私は子供の頃から物事をシンプルに捉へることが、どちらかといふと苦手で、自分の心内を人に話す時も上手く表現できなくて、いざ話してみても、「あぁ、かういふことね」と解釈されては、〈本当は違ふんだけどな……〉といふ本心を呑み込むことが多かった。どうしてそのままには伝はらないのだらう？　と、複雑な心模様をほろ苦く味はひながら、シンプルに捉へられる人に憧れを抱いてゐた。きっと、難しいことはシンプルに、シンプルなことほど複雑に捉へられたら、生き抜く力が身につくやうな気がしたものだった。

感じてゐることの現象を自分ですら捉へることができずにゐる時、少し分割して、一つづつ物事を見つめてゆくと、わかりやすくなる場合がある。でも、それが正しいのかといふと、そんな単純なものではなくて、分けずにそのまま考へることで見えてくる世界も実際にあると感じてゐる。

まさに、日本神話はそんな物語の連続ではないだらうか。初めて神話の世界に触れた時、その混沌さや矛盾さに、意味がわかったやうなわからないやうな、不思議な感覚があった。神様の名前も変容してゆくし、地域によってその謂れもまちまち。でもだからこそ、読むたび、知るたびに解釈が深まり、登場人物に共感してゆく段階を楽しめる。

神道には教義経典がない。その理由が歳を重ねるごとによくわかる気がする。そしてそれはとてもありがたいことなのだと思ふ。八百万の神々が存在してゐて、それぞれにお守りしてゐる分野も御利益も違ふ。唯一神ではないその教への寛容さ。答へを一つに導きださないことが答へでもあるといふのか……。一つである必要がないのだ。いや、できないことを知ってゐるのか……。

複雑なことを複雑に理解する楽しみがあると、私は感じてゐる。と同時に複雑なことを単純に理解する楽しみもある。さうすることで、こぼれてくる事象と残る事象とに分かれ、浮き彫りになる真実もあるから。

物事も人の思惑も複雑に絡み合ひながら、陽はまた登り沈んでゆく。移ろひやすさも複雑さゆゑか……。

さう感じるのは私が女だからといふ訳ではあるまい。いやしかし、女心と秋の空とはよく言ったものだ。複雑極まりない色合ひに満ちた美しい秋空に想ひを馳せ、今この筆を進ませてゐる。

（平成二十九年十二月四日付）

心を耕す

ごみを拾ふといふこと

ある日の出来事。電車のなかで間もなく新宿に着かうかといふ時、何処からともなく空っぽのペットボトルが転がってきた。すると、しかめっ面のをぢさんが転がるペットボトルをスッと手にした。

「をぢさん、カッコいい！」、思はず娘と二人で声をあげてしまったのだが、をぢさんは背中がピクッと動いただけで、表情も変へずに電車を降りて、ホームのごみ箱へとそれを捨てた。

とっても素敵なことだと感じる。誰が捨てたかわからないごみが自分の近くに転がってきたからといって、無視する人だってゐるだらうに、わがことのやうにスッと腰を屈めて自らの手に取って処分する。きっとをぢさんは日頃から多くを語らず、さうやって行動に移していらっしゃるのだらう。そんなことを想像しては、娘と一緒に今後自分がどう在りたいかを話しながら家へと帰った。

ごみ拾ひを通じて世代間を繋ぐ。そんな活動を五年も続けてゐる盟友がゐる。ごみ拾ひは目的ではなく手段だと彼は言ふ。人と人とが繋がるきっかけ、その先に社会が見えてくる。少子高齢化が進み、高齢者の世帯は孤立してしまふといふ現実。

私が参加した際にも、ごみ拾ひのために電車に乗ってやってきたといふ一人暮らしのおぢいちゃんや近所のおばあちゃんがいらした。子供や孫とも離れて暮らすなかで、地域の子供たちと自然と触れ合へる。無理なく世代間交流が成されることこそ、ごみ拾ひの最大の魅力。和気藹々三世代が交流して、綺麗になった町といふ結果を仲間と共有することができる。

長年活動を続けてゆくなかで、ごみが減らないことへの憤りはないのかと問うてみたところ、そこまで干渉したいとは思はない。自分の活動によって地域のゴミが減るとは思ってゐない。ただ、自分は捨てない。ごみ拾ひに参加した子供たちもきっと捨てなくなる。それだけ。まぁいっかと一人が思ふことが広がって、みんなもごみを捨ててしまふ、そんな背景が捨てられた場所から推測できる。寒くなってくるとマスクのごみが増えたり、季節を感じることもある――と話してくれた。

ごみの現状が私たちの生活を映す鏡にもなってゐる。淡々と自分にできることをやり続けてゆく。同じごみ拾ひで集まった仲間から自然と仕事の話にまで発展することもよくあるといふ。

ポイ捨て。きっと、その行為よりも大きな問題はその行為以前の、無関心にあるやうに感ずる。社会と地域と他者と自分。もっといってしまへば自然界と自分さへも関係してゐないといふ分離感覚。きっと、ごみ一つだって人と繋がるきっかけになれる。

神職として無関心な人々の心にどう関はってゆくのか……今後に繋がる大きな課題を転がるペットボトルから感じさせられた。

（平成三十年十月一日付）

大事《おほごと》にしない

物事が思ふやうに進まない時、皆様はどのやうに過ごされていらっしゃるだらうか。次から次へと予期せぬことが起こり、事情が複雑に絡み合ってしまふ。かう展開してゆくだらう……と思ってゐた自身の目論見が外れて気が付けば問題が大きくなってしまったやうに感ずる。

でもそれは、相手あってのこと。自分一人ではないからこそ問題が起こる。考へ方によっては、ありがたいことと言へる。人それぞれの主義主張があり、皆一様に善かれと思って意見を述べる。それを文句ととるか、助言ととるかで次の動きが変はってくるやうに思ふ。言ってみれば大事は一つ一つの小さい事の積み重ねで形成されてゐる。まづは丁寧に断片的に捉へてみる。細部にわたって注視する。そこには、あらゆる立場や階層のなかで築き上げられた価値観が存在してゐる。人それぞれの主義や主張の奥には真実や理由がある。

時に参拝者からの御指摘や苦情を受けることもあるが、対応する神職の言葉や態度で神社の印象は大きく変はることがあるだらう。

個人的な話で恐縮だが、今、大きなプロジェクトを抱へてをり、多くの人々の意見が交錯する現場にゐる。これで問題なく進んでゆくといふ手応へを感じても、誰かの一言によってその勢ひは消え、新たな方向性が見え出して、なかなか思ふやうには進まない。そんななか、不平不満を漏らす人も当然出てくる。そんな時、意識してゐることが一つある。

随《まにま》に、の精神。人事を尽くして天命を待つとも言ふべきか。個人では限りがあることばかりだから、日々やるべきことをやった後は、神様にお任せする。自分一人で考へない。答へを急がずに、時とともに解決してゆく感覚。大きいことほど、ゆっくり育つ。

それはまるで自然の摂理と同様。潮の満ち干きのやうに、寄せては返す波のやうに状況の変化がある。時には一度手放してしまふことで、失ふものと残るものとがはっきりする場合がある。かと思へば、もはや人智を超えた大いなる意志とでもいったやうなものが働いてゆく場合もある。不思議なもので、さういふ時はするするっとうまく事が進む。

自分の場合、問題が挙がってきた時に、対処しようとする姿勢には、幼い頃から経験してきた家族会議が活きてゐるのだと感ずる。案外、夜通し話してみると、結局ものすごく単純なことから問題になってゐたことが明らかになり、大したことなかった、なんて、朝になると笑へることがしょっちゅうだった。

小さな誤解が問題を招いてしまふ。大事に潜む些細な出来事にこそ、ヒントがあったりするもの。家族だからこそ言ひ合へることもあったらうと思ふのだが、その時学んだ感覚は、まづ相手の立場になって共感すること。単純だが、ここから解決の道が始まることがあるのだと思ふ。


（令和元年十月七日付）

背景を読む

先日、ふと考へさせられる出来事があった。

地方で開催されるある行事に出演することになってゐたのだが、そのチラシを東京にも送ってほしいと依頼した時のこと。「数が限られるから、確実に人が来てくれさうな場所に配ってほしい」との返答があった。確かにチラシを無駄にしてしまふのはもったいない。主催者からの返答にも頷けるのだが、「誰に届けるのか」といふことが大事なことではないだらうか。

「開催地からちゃうど東京に来てゐる一団に渡したいから、東京の地方のアンテナショップにも置いてもらひませう」。さう理由を伝へると、すぐに対応してくださった。

私も初めに一言添へるべきだったと反省しつつ、自分の理解力だけで、まだ今の段階では見えない希望の種を摘み取ってしまはないやうに、ものごとを受け入れる心を広げてゆきたいと、つくづく感じた。

御縁のある方や感覚の鋭い方は、どんな場所にゐても、その情報を受け取るもの。反対に、どんなに近くにゐても御縁の薄い方や興味のない方は見過ごしてしまふ。相手が発したメッセージを私たちはどれだけ受け取れてゐるのだらうか。一から十まで言はれなくても察することができる人だってゐる。

〝相手の気持ちになって考へること〟

子供の頃から母はいつもこのことを徹底して私に諭してゐた。今、自分が母親の立場になった時、自然と娘にも同じことを伝へてゐる。

例へば幼稚園では、お友達、先生、お友達のお父さんお母さん……。その人たちの気持ちになって考へてみることで、自分だけの視点からどんどん広がってゆく。加減がわからずに気を遣ひすぎてしまふと、自分を見失ふこともあるので注意が必要だが、一度でもその感覚を摑むと、フワッと広がる世界観がなんとも心地良いものだった。

参拝に来られる方は、その背景にいかなるものを背負ってをられるのか……。権正階の指定神社実習で学んだことが思ひ出される。

私が実習を受けた、青森県にある高山稲荷神社では御祈禱の受付の際に必ず「今日はどうされましたか？」と参拝者に声を掛けてゐた。そして授与品のお札を適切に選んでお渡しする。それが決して事務的ではなく、個人的には、まるで小さな町のお医者さんと患者さんのやり取りみたいに感じられた。想ひをちゃんと発信し、受信してゐる様子に、当時の私は深く感銘を受けた。そして御祈禱を終へられた参拝者のお顔は皆、晴れやかだった。

「家内安全」「病気平癒」「交通安全」「合格祈願」等。御祈禱に来られた方に、何の祈願かを伺ふだけでなく、その心に少しでも寄り添ふことができたら……。仲執持として、日頃から、相手が口にすること以外にも、何かしらの事情や背景を汲み取れる神職でありたい。

（平成二十八年十一月七日付）

心を耕す

今年もまた新米をいただく季節となり、思ひ廻らすことがある。

肥沃な地とは、土地が肥えてゐて農作物がよく育つ。表面が固くなってしまった通気性の悪い土壌に種を蒔いても良い芽は出ない。耕す——新しい空気や風を通すことで土中の微生物が活性化されるのだ。

これは人の心も然りではないか。心を耕さずにゐると、表面が凝り固まって、感情や本音が奥の方へ溜まり、いつしか閉ざされてしまふ。まるで荒れ地のやうに。時には雑草を摘み取って整地してみると、自分で気付かないうちに正しいと思ひ込んでゐた拘りや固定観念がほぐれるかもしれない。

過去も未来も、栄光も賞賛も、不安や迷ひや疑ひもごちゃ混ぜにしてみる勇気。さうすることで、やがて本質だけが浮かび上がる。微生物が活性化するやうに五感が研ぎ澄まされてゆく。柔らかくてあたたかい良い土のやうに、心を耕せば脳や感情にも豊かな養分が生まれ、いい土壌が育まれる。さういへば英語で文化や教養を意味する〝カルチャー〟とは「耕す」が語源だといふ。

心を耕すといふことは、神職としてとても大切なことのやうに感じられる。何故なら、社頭に立つ神職一人一人の対応が、参拝者にとって神様を感じる一つの現象になり得るのではないかと思ふのだ。

例へば神職になりたての頃、初穂料について、どう参拝者の方にお伝へすべきかを思案してゐた時の話。ある大学生が厄除の御祈禱にいらして、「いくら包めば良いですか？」と尋ねられたので、私は「お気持ちで結構です」とお答へした。「幾らでも良いのですか？」と問はれたので「今までの感謝と、自分が御祈禱を受けられて感じたお気持ちを神様にお包みいただければ」と。すると、その学生は少し考へて千円札を差し出した。私はそのお金を受け取り、宮司にそのままを伝へると、「お気持ちとは、難しいものだね」と笑って応へてくれた。

一方で、自分が実家を離れて上京した際のこと。引越し先の産土の神様に御挨拶をしたく、御祈禱の予約を入れようとした電話口で、その神社の方は「五千円、八千円、一万円とありますが、どれにしますか？」と、淡々とお話された。その対応に少々面食らってしまひ、違和感を覚えたものだ。どれが正しいとか間違ってゐるとかいふことではなく、どれだけ心をこめられたかが、人の印象として残るものなのだと実感した。

教義、経典、教祖がない道だからこそ、同じ内容を伝へるにしても、心の掛け方次第で相手の受け取り方には違ひが出てくるものではないだらうか。神様は目に見えないし、人間の心も祈りも目に見えない。だからこそ、我々神職の言動が繊細に参拝者に投影されることがあるのではないか。

今も自分自身に問ひ掛けながらこの筆を進めてゐる。


（平成二十七年十二月七日付）

共通する価値観

先日、ある神職研修会に参加したのだが、その経験を通して、我々神職には共通する価値観といふものがあると強く実感した。

例へば、食事は生命の更新といふ儀式と見做して私語を慎む。そのため、研修中の食事の時間はおのづと早くなる。男性だけなら、その早さのままでとくに問題ないのだらうが、女性が参加してゐる場合、少々その速度に追ひつけず、御飯を食べきれずに残してしまふことがある。

その様子を即座に見抜き、二回目以降の食事からは、何も言はなくても、女性の食べる速度に合はせてくれる人が現れる。そして気がつけば、その人数が増えてゆく……。

女性陣の目の前に座り、食べる速度を合はせてくれた人にお礼を言ふと、「班のみんなで話して決めたこと。ぼくだけぢゃないよ」と当たり前のやうに笑った。個人を主張しないさりげない優しさに触れ、自分でも緊張のせゐか気付かなかった空腹感と心が満たされて、思はず泣きさうになってしまった。

一つの行動が全体の雰囲気をつくりだす。

神職はリードする時の行動力と、周りに合はせる協調性、そのどちらもが必要とされる。その距離の量り方の違ひ。どんな立場においても少しの違ひや変化を感じられることの大切さ。同じ研修生から教はることは多い。

全体の目といふべきか……。個人の目だけでは見えてこない現状や現象の本質。目には見えない気の流れが、全体の雰囲気を生み出してゆく。

日を重ねるごとに、その気は同調し、波長が合ってくる。五日目の最終日には明らかに心地よい連帯感が生まれてゐた。

そこには神職であるがゆゑに築かれてきた価値観の共有が醸成された気がしてならない。言葉や会話だけでなく、ともに食し学ぶことで確認できた共通意識が全体の雰囲気を変へたのだらう。

個人の性格や感じ方がバラバラだとしても、共通点から生じる信頼や安心感がふくよかな関係を作りはじめる。それぞれの現場で日頃何を考へ、どう選択し、どう動いたのか——。その積み重ねから生じる共通する葛藤や疑問が、〝神明奉仕をする者〟といふ一つの大きな務めに吸収されてゆくやうだ。みんなだってきっとさう……。

さまざまなお導きがあって、今のお社に御奉仕して研鑽を積んでゐるなか、このタイミングで出逢ふことの意味。講師陣の多くが、授業の始めや終はりに「この研修の一番の収穫は出逢ひだから、大いに親睦を図って下さい。自分も研修の時の仲間とは今でも親しく良い交流が続いてゐる」と仰った通り。

私自身も、全国津々浦々、何処かで同じ神職仲間が頑張ってゐるのだと思ふだけで、心に宿る励みやぬくもりが、かけがへのない財産となってゐる。今この原稿を読んで下さってゐる一人一人の神職にも尊敬と感謝を贈りたい。

（平成二十八年四月十一日付）

曇りなき鏡のやうに

心の器

最近とくに考へてしまふことがある。「心を守る」とはどういふことなのか……。感じやすいといふことは長所なのか。

感情のままに思ひを伝へることが、心を守るといふ訳では決してない。若い時分は、思ひを伝へることこそが正しいやうに感じてゐたのだが、むしろ守るためには、感情的な思ひを一旦切り離してやる必要がある。そのために必要なのは、思考を深めること。少し距離を置いて、全体的に物事を図り、起こってゐる現象の意味を考察する。さうすることで、時に感情は知性を選ぶことができる。

感情と感受性と素直さとのバランス。感受性が豊かでも、素直でなければ相手にその心は伝はらない。素直であっても感受性に乏しければ相手の気持ちを察することも難しいだらう。そして感受性は感情と相関するものでもないのだ。

個人的な見方だが、三種の神器とは、まさにこのバランス（調整）を表してゐる気がする。御承知の通り、鏡と剣と勾玉。そこには、日本民族が古来大切にしてきた精神性も合はせて伝へられてゐる気がしてならない。例へばこんな捉へ方もできようか、澄んだ心に、武勇、そして受け継がれる魂。

澄んだ心――神職になりたての頃、先輩神職からこんな話を伺った。昔の銅鏡は、今のやうにいつでもすぐに姿を映してくれる訳ではなかった。だから絶えず磨いてゐなければならない。その際に昔の人達は、〝我がなくなりますやうに〟と念じながら磨いたといふ。「カガミ」(鏡）から「ガ」(我）がなくなると「カ・ミ」。神に近づくことによって初めて己の姿が見えてくる。だから鏡とは神聖なものなのだと。

武勇――怖がりの私には剣が神器の一つであることがどこか荒っぽい印象があった。ところが年を重ねるにつれ、剣の必要性とその意味の深さをまざまざと感じてゐる。武器は使ひやうで、壊すものにも守るものにも成り得る。そして剣を手にするといふことは忠誠を誓ふこととも考へられる。守るべきものと出逢ひ、この身を捧げる。そんな忠誠心が剣には象徴されてゐるのではないだらうか。八岐大蛇の件で須佐之男命が天照大御神に剣を献上する一節からも、そんな心が読み取れる。

受け継がれる魂――一説によると勾玉の形は、球体が動く様子を表してゐるといふ。そして、その姿は胎児のやうにも見える。古くは縄文時代の遺跡からも出土する勾玉に、根源的な命の象徴性を感じ取ることもできないだらうか。連綿と続いてゆく、次へと繋がってゆく、未来への時間軸――。

かうして考へてみると、三種の神器が象徴するものは、あるいは国民一人一人の中に受け継がれて宿ってゐるのではないかと、ありがたい気持ちで満たされてくる。

年頭にあたり、皆様の弥栄を心よりお祈り申し上げます。

（平成二十九年一月十六日付）

命は複合体

先日、いつもお世話になってゐる宮司さまからとても腑に落ちる表現をお伺ひすることができた。「自分の命を単体で考へてゐるうちは、小さなことしか果たせない。命は複合体なんだ」。

重なる命。この生のなかに私ではない誰かの生が重なってゐるのを感じるのはなぜだらう……。幼い頃から抱いてゐたこの感覚が、宮司さまの言葉と合致した。

例へば見知らぬ街なかで、ふと〝あっ、私以前ここに来たことがある〟と記憶が私に知らせる。自分の感情とは別のところに存在してゐる確信。皆様にもそんな経験はないだらうか、初めて逢ったやうな気がしない人。なぜか懐かしい景色。職業柄、地方に行かせていただく機会が多いが、そんな場所や人に出逢ふ。それはやはり御縁あってのことなのだと思ふ。どんな場所でも導かれて、その瞬間をいただいてゐるのだと頭が下がるばかり。

第一印象からどこか苦手意識を抱いてしまふ人がゐたとする。しかしもっと複合的にその人を映し出すと、どこかしら自分自身の苦手な何かと共通する、もしくは、抱いてゐた不信感が遠い記憶と相交はって、時間が経つほどに親睦が増す。

みんな自分勝手に生きてゐるつもりでも、実は単体ではない。生かされてゐる。我儘に生きてゐながら、それがちゃうど良い塩梅で、お付き合ひの幅や人間味を深めてくださってゐたりと……不思議なものだ。

だからこそ、より「恩頼《みたまのふゆ》」といふ言葉の意味の深さに感動を覚えてしまふ。頼るとは信頼。自分の命をいただいた、その御恩を信頼する。恩とは、繋がりがないと生まれない関係。一人では得られないもの。恩は単体では生じない。信頼も然り。御霊が増えるといふ意味でもある恩頼をこの漢字二文字で表してゐることが、しっくりくる。

総合体のなかでの私。個ではなくて総合体のなかに私は存在してゐる。昨今、御祈禱祈願のなかで国家安寧、神恩感謝を希望される方が減ってゐると聞く。商売繁昌や家内安全がやはり多く、国家安寧や世界平和は、自分に直接関はりのある祈りのやうに感じられないさうだ。果たして本当にさうだらうか……。個は国のなかにあり、国は世界のなかにある。近道なやうで遠回り。遠回りのやうで、直に繋がる道。

〝一度きりの人生だから〟こんな見出しを街なかで見つけた。確かに一度きりの人生、限られた命。ただ、個人的な感覚かもしれないが、その前後にも見えない道が確かに存在してゐるのを感じてゐる。歴史に鑑みても、一代で終はらず、三代以上に亙って果たした目的や功績などは如何ほどもある。一代きりでは果たせない大事がある。

だからこそ、長い歴史を織り重ねてきた神社の尊さを感じて已まない。人一人の命は儚く短いものだから、命を重ねて、悠久の時の一部となれたらと願ふ。（令和元年七月一日付）

謙虚さ

私が知る限り、上に立つ人ほど、謙虚で自分に厳しい。神道人として、さり気なく自然に自分を律して、周囲に対しては思慮深いその姿勢からは、学ぶものが多い。

例へば、ある神社から依頼を受けたコンサートの本番当日のこと。参道に宮司がいらしたので、御挨拶しようとした時、告知看板の向きが悪いから、もう少し参拝者に見やすいやうにと、宮司自らが看板を動かしてくださってゐた。ほんの数センチの違ひだが歴然と見やすくなった。さういふ細かいところにまで目が届き、誰かを使って指示をするのではなく、自分が率先して行動する姿勢に頭が下がった。

また、ある懇親会に招かれて歌を歌った時のことである。出席者は会食をしながらとなるので、周りはどうしてもガヤガヤしてしまふ。さういふ場面はこちらとしても承知の上で、ある意味慣れてゐることなので、気にせずに自分のペースで歌ってゐたのだが、懇親会が終はった二次会の席で、ある神社の宮司が私のところに来てくださり、かう仰った。

「貴女にお詫びをしなくてはならない。あのやうな席で歌はせてしまって申し訳なかった。また今度埋め合はせをしませう」。初対面だといふのに、開口一番で謝られてしまひ、私の方こそ申し訳ないといふ気持ちになった。と同時に、なんて偉ぶらない配慮のある方だらうと、そんな人物に自分も近付きたいと思はされた。

自分を極める。上に立てば立つほど、そんな生き方しかできなくなるのかもしれない。教育勅語を己の日常の中で実践していらっしゃるのが、お逢ひしただけで伝はってくるやうだ。昨今では承認欲求や自己顕示慾が強い人が多いことも、一つの事実だと思ふ。だけれども、もっとその先その奥では、誰もが慎み深い自分と対面するのではないだらうか。

目に見えぬ神にむかひてはぢざるは人の心のまことなりけり——祭祀舞「朝日舞」の歌詞にも使はれてゐる明治天皇御製。この舞は神職が舞ふ舞とされてをり、宮司によって舞はれることが多い。神職として、上に立つ者としての振舞ひを示されてゐるやうな気がしてならない。謙虚さは、きっと自分への厳しさがさうさせるのだらう。

神前に手を合はせる時、自分が透けて、風景に溶けてゆくやうな感覚に陥る時がある。そんな時、とても近くに神様を感じる。存在が重なるといふのだらうか。自分といふ存在が、幾多もの年月と数多もの命が重なり築かれてきたのが伝はってくる。

誰かに認められたいとか、誰かと比べて一番になりたいとかではなく、自分が自分に答へを出してやれば良いのだらう。

心もある意味、芸術作品と同じ。これで完成と思へば、そこで終はってしまふ。自分の心をどれだけ細かく仕立ててゆけるか。まだまだ至らない自分が恥づかしい。

（平成三十年六月四日付）

相手への感受性

「忖度」。皆様はこの言葉からどんなことを想像するだらうか。昨年には流行語大賞にまでなり、どこか歪んだイメージをお持ちの方もいらっしゃるだらう。でも元来の意味はとてもすばらしい。現代社会において、むしろ必要な倫理観ではなからうか。

今年に入って、この話題に触れることが多かった。ある宮司さんは「忖度ばかりが独り歩きしてゐるやうに見えるが、惻隠と対で考へるとより意味が深まる」のだと教へてくださった。「目下の者が目上の者に気を遣ひ忖度する。にも拘らず目上の者が目下の者へ惻隠の心が足りないから、世の中をかしくなるのだ」。

確かに何事も循環し交感することで相乗効果を発揮するもの。言葉にするのは難しいが、深い意識のなかで絶えず循環してゐるエネルギー（熱量）がある。それらが引き合ひ引き寄せられて、神様と自分との関係、家族、友人、恋人、人と人との関係を結んでゆく。

ありがたいことに、私は何度となく周りの諸先輩方にしっかりと支へられてきた。

至らない自分に対して寛大な忍耐力と許容……まさに惻隠をいただいてきたからこそ今がある。そのたびに、いつか恩返しができれば良いのに……この期待に何としてでも応へたいと強く感じて、己を鼓舞してきた。

渦中にゐる間は、なかなか気付けないもの。独りでは決して乗り越えることのできない壁を、人の手を借りて知らずに乗り越えてゐた感覚……皆様にも覚えがないだらうか。

相手の立場になってものを考へる。

子供のころから母親に口酸っぱく言はれ続けたことの一つ。相手が喜ぶことは何かと想像し行動する。実際のところ、これが難しい。なかなか身に付けられない自分に今でも歯痒さを感じてゐるのだが、コミュニケーションが上手くゆかないときの原因は、大体がかうゐふ点が欠けてゐることが多いやうに感じる。

相手への配慮といふのは、多少の経験が必要だらう。自分がされて嬉しかったこと、嫌だったこと、してほしかったこと――その記憶が次へと繋がってゆく。きっと人は皆、相手に共感する器を持って生まれてゐる。育むか閉ざすかは本人次第。

現代社会のなかで他者との関係が稀薄になればなるほど、均衡を保たうと、人は個人の欲望へと走ってしまふものなのかもしれない。結局のところ周りのことも自分のことも信じられてゐないのかもしれない。相手がゐれば、独りで判断するときとは違ふ行動を決断することもあるだらう。損得感情だけでは推し量れない神秘がこの世のなかにはある。

まづは自分から、思ひやる行動をしてみてはどうだらう。それは、自分のなかの神様が求めたおこなひと言へるかもしれない。

常に命は、誰かと、何かと呼応してゐるのだと私は想ふ。

（平成三十年七月二日付）

曇りなき鏡のやうに

人はそれぞれ与へられた環境の中で、その場に応じた自分を演じて対応してゐるところがないだらうか。人によって態度がコロコロ変はってしまふ。ある人の前では素直なのに、ある人の前では無口になってしまふ……そんな人が周りにゐないだらうか。私は学生時代そんな傾向があった。だから、人によって自分の性格の印象がまったく異なる。大人しい人だね。活潑な人だね。

本当の自分はかうぢゃないとか、本当の自分って何だらう……と思春期には摸索しては街中を彷徨った。個人的な話で恐縮だが、私の場合は甘えと怖れが原因して、家庭や学校は本来の自分を表現しにくい場所だった。感傷的、わがまま、癇癪持ち、さぼりや。一度そんな印象を与へてしまふとそこから抜け出せずに萎縮してゆく。それが神職になり、神明奉仕をするたびに、自然体に還ることができたと実感してゐる。

人は誰しもが時と場合とによって、いくつかの顔を演じ分けてゐる。ユングが提唱したペルソナといふ概念。仮面を意味するラテン語に由来してをり、社会に適応するために身につけた表面的な人格や個性を表す。家の外と中での仮面はきっとまた異なる。人は本音と建前を使ひ分けてゐることが多いもの。心理学的にみるとそれは、自分を防衛・保護するためなのだといふ。

和御魂と荒御魂。二つのお御魂をそれぞれにお祀りする神道の精神に懐の深さを感じて已まない。例へばこの二つの側面を表と裏で現すとどうだらうか。表向きは和やかでも裏では荒ぶる心を祕めてゐる。その逆もまたしかり。表向きは荒ぶる気質でもその心根は和やかである。きっとどちらも真実で人間味に溢れてゐる。「お父さんが会社で、こんなに人を束ねる仕事をしてゐたなんて知らなかった」「家ではお母さんの尻に敷かれてゐるのに」なんて話もよくあるだらう。社会に対応してゐるほうが、より良い自分の在り方を摸索して向上してゆけるものかもしれない。

神職はどうだらう。外へ出ると「先生」と言はれる機会も多いのではないだらうか。誰かに偉ぶることなく、誰に対しても等しく振舞へたらと自分に言ひ聞かせる。と同時に「自分が相手にどう見られるか」を考へるよりも、「相手にとって自分が、本来の姿を自然に出せる相手で在りたい」と願ってゐる。きっと人は神様と向き合ってゐる時が本来の自分の姿だから。

人は自分を映す鏡。三種の神器の一つが鏡といふのは、己と相手との反映といふ意味もどこかにあるのかもしれない。鏡から我をなくすと神になるのだと先輩神職さんから教はった。日々さまざまなことが絶え間なく起こりゆくけれど、お参りに来られた方の心が清々しくあれるやうに、仲執持として、まづは自分の心を少しでも曇りなく清らかに保てるやうに心掛けてゐたい。

（平成三十一年二月四日付）

心安らかなる舞

天地の神にそいのる朝なきの海のことくに波たゝぬ世を（昭和天皇御製）。

浦安の舞は昭和十五年の皇紀二千六百年を奉祝して、冒頭の御製に当時の宮内省楽部の多忠朝楽長が作曲作舞し、奉祝祭当日、全国の神社で一斉に奉奏された神前神楽舞である。私がこの舞に初めて触れたのは約二十年前のこと。明治神宮で開催される講習会に参加したことが始まりだった。恥づかしながらそれまで実際には浦安の舞を見たことも教はったこともなかった。未熟な自分には語ることもたいへんをこがましく憚れるのだが、今回は一つの節目として「浦安の舞」について想ひを綴らせていただきたい。

当時、神社音楽協会の会長は多静子先生で、「皆様、おはやうございます」と一切の淀みを祓ひ清めてしまふかのやうな潑溂とした声がとても印象的だった。その姿勢はまさに天と地を繋ぐ柱の如く真っ直ぐでしなやかでとても美しかった。つぶらな瞳はすべてを見透かしてしまふやうな澄んだ輝きで、会長といふお立場にも拘らず、どこか愛らしく童心を残したままのやうな趣があった。

舞の御指導は心に滲透しやすく明瞭で、素直な表現で説明してくださる。例へば、重心を低くして体を沈めること。単に動きの説明ではなく、多先生は「地球の中心を感じて、自分が軸になったつもりで沈む。だから決して軽くないのよ」。手を真っ直ぐに伸ばす際には「地球の外側をなぞるやうに」そんな一言を添へられるだけで、まるで自分の体が地球の一部になったやうに感じられた。

ただ順番を覚えるだけではない奥深さ。そして一定の拍子では表しきれない緩急。現会長の先﨑徑子先生の舞や憧れる先輩方の舞を拝見すると、その場が清められたかのやうな空気に満ちてゐるのがわかる。体の動きだけではない気の流れがさうさせるのだらう。清浄な舞……。そしてそんな舞を舞はれる方は、皆一様にして謙虚なのである。

檜扇とお鈴は神様からの借りもの。その借りものを通して息が吹き込まれ、生きてゐるから動き出す。常に扇の先、お鈴の先から動く。自分からではない。……先﨑先生の御指導には舞の本質を表す言葉がよく発せられる。それはこの神前神楽「浦安の舞」が「神人和楽」の舞で神様と一緒に舞ふ舞だからこそ。平和を祈る心の舞だと言はれる所以が舞ふほどに伝はってくる。毎年全国から集ふ講習生からも学ぶものが多く、そのひたむきさと一途さに頭が下がると同時に、浦安の舞の奥深さと難しさが見出される。形を追ふだけでは体現できない心で舞ふ難しさ。

うらやす浦安＝うらハ心ノ義ニシテ、やすハ安ノ義ナリ。心中（裏）の平安ナルヲ謂フ。身も心も窮屈にならずに丸く受け止める。心が安らかでないと舞へない舞だから、まづはその心のありやうを学び、自身の体でその心を再現して神様にお捧げすること。先生方からさまざまなことを教はるなかで、それこそが真髄だと感じてゐる。

（平成二十九年五月十五日付）

日常の豊かさ

時の記念日に

六月十日は時の記念日。国民の休日ではないが、東京天文台（現・国立天文台）と生活改善同盟会によって、時間の大切さへの意識向上のため、大正九年に日本の記念日として制定された。『日本書紀』天智天皇十年四月辛卯条にある、日本で初めて時を知らせる鐘が打たれた日との記述に由来し、現在の太陽暦に直したのが六月十日であるといふ。

日本人が時間に厳格だとは、世界的に見ても有名な話だらう。

実際に、私自身も暮らしの中で実感することがあった。アメリカに住んでゐた頃、一時帰国で日本に戻った時に、時間通りに来る電車やバスに感動してしまった。しかも一分遅れただけで、「お急ぎのところ申し訳ございません」とアナウンスが流れる。海外では多少の遅れは日常茶飯事で、時刻表がない場合だってあるのに。日本で暮らしてゐる時には気が付かなかった国民性の違ひが生活の中から窺へた。

ある起業家団体の暗黙のルールに、遅刻一分一万円とのお約束があるといふ。みな経営者で、一分一秒を争ふ厳しい世界で生きてゐる。相手の時間にも高い価値を見出し、時間管理も自己責任といふことで、遅れたらその分の対価を支払ふ。まさに時は金なり。

『日本書紀』や『延喜式』など古い書物には十二辰刻を用ゐて、何月何日だけでなく何時まで書かれてゐる場合がある。これは昔から日本人が時間に関する意識が高かったことを表してゐるとも捉へられる。

では、時の記念日が制定される前の日本人の時間感覚とはどうだったのだらうか？一説に拠ると、もともと日本人は時間の捉へ方が大まかで、明治初期に日本に技術伝承にやって来たオランダ人は、遅刻が多く時間を守らない日本人に呆れ果てたといふ。

確かにそんな一面が今でも地方によっては残ってゐる。会合や寄り合ひの時間を「何時から」と約束するのではなく「日暮れ」とか「夕方」だとか、大まかに設定して、それでもみんな良い具合に集まってくる。

そんな自然と共に生活し育まれてゆく、おほらかな時間感覚といふのも趣があってよいものだ。時間は誰しも平等に与へられてゐるが、その価値観は育った環境によって大きく左右されるものだらう。時間厳守とはいひつつ、世の無常を感じ取る民族性が我々にはある。どちらも良いところを臨機応変に選べたらよいと思ふ。

原稿を書いてゐる今、月が変はり今日から六月。六月は水無月といふが、旧暦ではまだ皐月。早苗の月を意味するとの説があるが、自然と共に生活してきた日本人の感性がわからないとしっくりこないのだらう。

世界標準に倣ふところは倣ひ、その土地や風土ならではの四季の移ろひの中で育まれた時間軸も大切にして生きたい。季節の彩りに耳を傾けながら……。

(平成二十八年六月十三日付)

水無月に想ふ……

古代の日本人は泣くといふ行為を、一つの鎮魂儀礼として捉へてゐたことが『古事記』

を読んでゐると伝はってくる。伊邪那岐命も須佐男之命も泣くことで異界と結びつき、物語が展開する。

植物も一緒で、雨の恵みをいただき、再生する。人は確かに涙を流すことで蘇生することがあるのかもしれない。

学生の頃、保護司をしてゐるといふ先生から聞いた、「刑務所や少年院で、犯罪や非行に陥った若者たちが大祓詞を奏上した際に、初めは小さな声だったのが、どんどん感情が言葉に乗ってゆき、最後にはすすり泣く者、むせび泣く者もゐた」といふ話がひじょうに印象に残ってゐる。〝罪といふ罪はあらじと……〟この言葉が彼らにはより深く感じ取れたのかもしれない。

指定神社実習の際にお世話になった青森県の高山稲荷神社工藤伊豆宮司（元神社本庁総長）が、毎日の朝拝夕拝の中で個人的に大祓詞の所感を語ってくださった。

「人間といふのは、罪を犯してしまふものだ。でもその罪を祓ひ清めようとすることこそが人間の本来の姿ではないだらうか」

　また大祓詞の中で「語問《ことと》ひし磐根《いはね》樹根《きね》立草《たちくさ》の片葉《かきは》をも語止《ことや》めて」ここが一番好きな箇所だと。何故なら、こんな小さな草花に対してもお伺ひを立て、また一緒に静かになって聴いてくれてゐる。自然と共に生きてゐる人間の在り方がよく表れてゐるのだと教へてくださった。

　自分の意識だけで物事を考へてゐると、時に思ひ込みが強く傲慢になってしまふことがある。世の中の道理とは、もっと広く素朴なものなのかもしれない。善悪や正誤も確かにはっきりとした違ひがあるものの、神様でさへ間違ふこともある。穢れの神様とその禍を清め直す神様が同時に誕生してゐることも日本神話の特徴と言へるだらう。

　清濁併せ呑むといふ言葉がある。この言葉を思ひ描く時、自分はどちら側に立って考へてゐるのだらう。清であれたらといふ理想はあったとしても実際は濁なのかもしれず。

　清水では魚は住めないといふ。また蓮の花は泥の中に美しい花を咲かせるし、稲を育むのも泥。泥とは濁なのか……清なのか……。

　かうして思ひ廻らすほどに、この世の中の自然の風景が美しくて、それと対照に自分の心をちっぽけに感じる。水はどんな気持ちで、清も濁も併せ呑むのだらう……。何故そんなにも、水は受け入れては流してゆくことができるのだらう。小さな川が幾つも繋がり合はさり、清らかな水も濁った水も、やがて一つの大河へと続くのだ。

この自然の摂理だけで、私の拙い言葉などは必要としないのかもしれない。まもなく旧暦水無月となるが、今年はしばらく雨が続くといふ。そして今日もまた命を育む恵みの雨が降ってゐる。

（平成二十七年七月十三日付）

輪、一緒

「わっしょい、わっしょい！」実り豊かな秋の季節、日本各地でこの言葉がこだまする。私が奉職する神戸三宮に鎮座する小野八幡神社では十八年ぶりに女性が神輿を担いだ。

今年は阪神・淡路大震災から二十年といふ節目の年でもあり、なでしこ神輿と命名された新たな神輿の復活を果たせたことに神様のお導きを感じてならない。

なでしこの由来は、〝撫でし子〟だといふ。神社と御縁のあった撫でられし乙女らが神輿を担ぎ氏子区域を練り歩く。すれ違った人々の表情が、ぱぁっと明るく華やぐ。

「わっしょい」この掛け声の語源は、「輪、一緒」「和し背負へ」などと言はれてゐる。

同じ地域に暮らす人の中には、気の合ふ人ばかりでなく、商売敵もゐれば、会社の上司もゐるなど、さまざまな関係性があるだらう。しかし、神輿を担ぐ際には、そんな身分や利害や感情も超えて、心を一つに力を合はせる。さうして担ぎ手も街を歩く人も、一つの輪（和）になってゆく。身も心も清々しく晴れやかになってゆくことが祭の醍醐味であらう。

また秋といへば運動会。個人的な話で恐縮だが、娘が通ふ幼稚園で親として初めて運動会に参加した。そこには今まで自分が体験したことのない、競技に参加しないからこそ見えてくるドラマがあった。

園児同士、園児と先生、親子の関係、それぞれの立場の中で成長への実感が溢れてゐる。例へば、組体操を披露する年中組の姿を見つめる先生は、昨年自分が担任してゐた子供たちが、一年でこんなことができるやうになったと涙をこぼしてゐた。応援する者の姿とはこんなにも美しいものなのかと心が熱くなった。

年長組のリレーでは、白熱の競ひ合ひがくり広げられ、バトンが受け継がれるたび、順位も目まぐるしく替はる。ある者は追ひ越し追ひ抜かれ、転んでしまった子もゐる。本人も友達も悔し泣き、最終的に勝ったチームは嬉し泣き、見守ってゐた親ももらひ泣き。年少組のかけっこでは、ゴール前で我が子を抱きとめる親御さんの表情、迷ひなく飛び込んでゆく子供の信頼。その必死さや純粋さ……まさに命が輝く教育の現場を運動会を通して目の当たりにした。

秋祭りでも運動会でも、それぞれの立場や生活があった上で、自分のやれる力を一所懸命に発揮し、ともに汗を流す。一つの行事を通して交錯する関係性は決して一元的ではない。その層の厚さに気付いた時、自分の立ち位置や成すべきことが浮き彫りになるのではないか。

神輿を担ぐ人、リレーを繋ぐ人、人一人の力はとても大きい。それぞれに持ち場があり、たった一人欠けてもバランスが崩れ、全体に影響が出てしまふ。だからこそ、支へ合ひ響き合ひながら命は輝く。今、秋の行事を通して強く実感してゐる。

（平成二十七年十一月九日付）

十月の桜

最近、神祕的な体験が続いてゐる。この感覚をこの場を借りて読者の皆様とも分かち合へたらと思ひ、個人的なことかもしれないがこのまま筆を進めることをお許しいただきたい。

皆様にもこんな経験はないだらうか、神饌のお米や炊きたてのお米が誰かが食べたかのやうにへこんでゐる。まるで今し方お召し上がりになられたかのやう――会話をしてゐるなかで絶妙なタイミングで天井から音がする。まるでお話を聴いてくださってゐるかのやう――など日常のなかで目に見えるカタチとして神様の存在を感じることがある。

先日、秋の例祭の前日に御本殿の掃除をしてゐたら、御扉や大床の辺りは、それほど汚れてゐない。でも、階段や拝殿へと向かふごとに汚れは増してゆく。足袋を見ると一目瞭然。風向きの関係もあるだらうが、下界に降りれば降りるだけ、汚れてゆくのは自然の摂理なのだらう。改めて、神輿渡御のありがたさをしみじみと感じた。神様の方から下界へと様子を見に来てくださるなんて――。

諸事情もあり、当神社も厳しい時代の変化のなかにあるのだが、例の随に、変はらぬ神明奉仕に努めようと、氏子崇敬者とともに街を練り歩いた。そしてお宮に戻ってくると、桜が一房だけ咲いてゐた――見守られてゐる実感が溢れ、仲間とともに涙した。

私事で恐縮だが、今年は国内外からお声掛けいただくことが増え、コンサートスケジュールはかなり立て込んでゐた。薄々、余裕がなくなってきてゐることに気付きながらも勢ひを止めなかった。しかし、警笛が鳴った。

ある神社での本番を数日後に控へたある日、声帯を痛めて声が出なくなった。おそらく自分は調子に乗ってゐたのだらう。流れに乗るのは自然なことと安易に受け止めてしまったが、状況はそんなに単純なものではなかった。大切な喉を壊すまで、それだけ無理をしてゐることにも気が付かなかった。どこかで自分は大丈夫だと信じたかったのだと思ふ。慢心と奢りがあったことを深く反省した。

時に身体は精神よりも本能的に反応する。自分の限界を体調で知らせてくれたのだ。自己管理ができてゐなかった自分がプロとして恥づかしい。情けない。申し訳ない。

そんな気持ちを抱きながらも、今やるべきことに集中しようと決意・鼓舞して、舞台に立つと、そこにスーッと太陽の光が射し込んできた。心の曇り空さへ晴れ渡ってしまふほど、暖かくて神々しい光だった。

公演後に、主催の方が「今うちの境内で桜が咲いてゐるの。秋咲きの桜もあるけれど、これは奇蹟ですね」と教へてくださった。

神様の存在を感じずにゐられなかった。桜にも光にも。自然現象は一つのお示し。この失敗を活かして、永遠に自己研鑽を続けてゆかうと決意を固めた。時に厳しく。励ましながら。

（令和元年十一月四日付）

紅葉に想ふ

紅葉が映える美しい季節……。そしてその美しさのなかに世の無常や儚さを感じる。

父が教へてくれたこと。色付いた紅葉は寒暖差があればあるほど、鮮やかさを増すのだと。のんべんだらりんとしてゐたらメリハリがなくなる。水もやりすぎると、根腐れしてしまふ。人も同じで、何かしら試煉や障碍があると人格に深みが出て美しい人生になる。

試煉のさなかでは、自分で自分のことがわからなくても、時の流れにただ身を預けてみることで、季節が廻り浮き彫りにしてくれる。命は四季を通して輝いてゆくもの。さう、色付く紅葉のやうに。

落葉樹は、春から夏にかけては光合成をするために葉を生ひ茂らせ栄養を蓄へる。

しかし、秋になり陽射しが弱まると来るべき冬に備へ、寒さや乾燥から樹全体がダメージを受けるのを避けるため、思ひ切って葉を落とす。葉を落とすために、葉と枝の間に断層と呼ばれる壁を作り、養分や水分を遮断する。葉のなかにあった色素や葉緑体が分解され、緑色がなくなる。一枚一枚の葉っぱは、落葉するまでの間に、樹種によって黄色や赤へと染まってゆく。

さて個人的な話で恐縮だが、先日あるテレビ番組に出演した。やはりメディアの力は大きく、多方面で反響があった。ブラジル生まれの神職が自分で曲を作り歌ってゐる――自分にとっては自然な流れで今の活動となってゐても、世間の目からすると、それだけで珍しく興味のネタになってしまふのだといふことを痛感した。表に立たせていただくことで、賞讃もあれば非難もある。

今年から民謡を習ってゐるのだが、師匠である民謡界の大御所・原田直之さんに、世間に晒されることの所感について伺ってみたら、「ゼロでちゃうど良い」。さう笑って答へられ、「他人からの目ではなく、自分がその時に一所懸命に努めればそれで良い」と続けられた。仰る通りだと、心がふんはり軽くなった。

何かをすれば、「良い」といふ人もゐれば「だめだ」といふ人もゐる……英国EU離脱や米国大統領選などを見てゐても、昨今はそれが国論を二分するやうな形で表れてゐることも多いやうに感じるが、それは、さういふ御時世でもあるのだらうか。

一方で自然の営みを考へると、決して「良い」とか「悪い」とかではなく、ただ自然に、季節の移り変はりのなかで、同じやうに続いてゆかうとする。そのあたりがなんとも美しく、永久の生命力を感じてしまふ……。

人生にも四季を感じる。子供だった自分が、出産をし、親になることで、日常のなかで自然と「この身はすでに中継ぎ」だと実感する。両親から教はったこと、自然から教はることを、わが子にも伝へてゆきたい。

じんわりと日に日に色づく紅葉を仰ぎながら、そんな想ひが深まった。

（平成二十八年十二月五日付）

日常の豊かさ

旧年を振り返り、皆様は何を想ふだらうか。個人的には十五周年記念コンサートを納めたこともあり、あっといふ間の一年だった。本当に多くの方々にお世話になったことをこの場を借りて、心から御礼申し上げたい。

そして、一つの目標を達成した後といふのは、とかく細やかなことに目がゆくものなのか。何気ない日常に素晴らしいことがいっぱい詰まってゐるのをひしひしと感じてしまふ。大きな山を登るには、小さな一歩一歩の積み重ねなのだとつくづく想ふ。

取り繕ふことなく、付け焼き刃ではなく、日頃のお付き合ひや、習慣、鍛錬があってこそ、その内容や作品は研磨され品質が上がってゆく。そこには、エスカレーターもエレベーターもない。車でも辿り着けない。一歩一歩自分の足取りで確かめながら登ることで見える景色がある。

そんな時、野辺に咲く花や色鮮やかな紅葉に目が留まり、その自然の美しさに息を呑む。頑張ってゐる時や疲れた時ほど、ほんの小さなことに、感動してしまふ。

誰かが入れてくれたお茶。煮物に入っていた人参が紅葉の型だったこと。鼻歌を歌ってゐたら小鳥が一緒に囀ってくれた。見上げたら流れ星。卵を割ったら双子だった……。

何気ない日常は、本当は奇蹟の連続なのかもしれない。さういふ神秘を見つけながら日々生きてゆくと、この世界とはなんて美しいのだらう……。

最近「お蔭様で」といふ表現を使ふ人が減ってゐるのが残念だと、ある宮司さんがこぼしてゐた。昔はそれほど深い関係ではない人に「元気かい？」と尋ねられても、「はい。お蔭様で」と答へることが自然だった。目の前のあなたのお蔭で、といふ意味だけではなく、〝蔭〟に守られてゐる、目に見えない存在への感謝が自然とこの言葉を生んだのではないか。でも最近では、大してお世話になってゐない人に対して「お蔭様で」とはあまり言はないのだと。対人だけといふか、目に見えることだけになってしまってゐることが残念でならないと仰ってゐた。全く同感である。

神社は単にお願ひをする場所のやうに受け取られてゐることがあるが、本来は日々の感謝をしに御神前に向かふのが自然な気がする。〝神恩感謝〟〝報賽〟かへりまうし〟これこそが本来の姿勢ではないだらうか。

そんなことを考へながら、ふと玄関に飾ってゐた稲が目に留まる。まさに「実るほどかうべを垂れる稲穂かな」。そして、その形にもハッとした。小さな小さなお米粒が集まって一つの稲穂。大きな種一つではなく、とても小さくそして密集してゐる、協調が成されての実り。

日常の一つ一つの喜びが、一粒一粒のお米と重なって、妙に納得してしまった。

本当にありがたい。

年頭にあたり、皆様の弥栄を心より御祈念申し上げます。

(平成三十年一月十五日付)

かをりの記憶

木のじゃんけん

寒い冬から、新しい息吹が呼応する季節へ。

打ち合わせの為、最近よく通っている代々木。

とある道で発見したよ。ちょうど毎週通っているから、気が付いたこと。

それはね、木も〝じゃんけん〟をしているってこと。

弥生の頃はまだ芽も固くって、しっかりと拳を握ったまま。

卯月を迎えると、ひょこっと、まるで人差し指と中指を立てたようにピンと芽が出てきたよ。

卯月も中旬を過ぎると、おもいっきり元気よくパッと芽を広げたの。

ね？

グー、チョキ、パー　じゃんけんみたいだね。

じゃんけんって、石とハサミと紙だって思っていたけれど、実はこんな自然のサイクルも投影していたのかもしれないね。

「おいらはまだ頑なにグーのままでいいぜ。」とはグー爺の台詞。

「お先に咲いちゃいました！」とパーさん。

「パーさん、せっかちだなぁ……」とチョキくん。

勝ち負けを決めるものだけではない、奥深さ。個性があっての関係性やバランス。

勝手に感じて、楽しくなっちゃった。

出会いと別れの季節。色んなことがあるけれど、どうせ生きるのなら、いっぱい楽しんで、
発見しながら生きてゆきたい。

毎日寒い日が続くけれど、季節は巡り、その自然の中に育まれている命の躍動。

今日もどこかで　グー、チョキ、パー。

まだグーの木も、チョキの木も、パーの木も、みんなみんな生きている。

楽しそうに沢山の息吹が〝じゃんけん〟しているよ。

これは以前私がちゃうど今のやうな季節の変はり目に、想ひのままに綴ったものである。

産霊――日本人は万物が産み出される働きの中に、神々の力を見出し、尊んできた。命は絶えず、動き、流れ、育まれてゐる。

豊かな四季に育まれてゐるからこそ、〝いろいろなものが、いろいろに見える、心のゆとりや奥ゆかしさ〟といふものが日本人には無意識に備はってゐるのだと感じる。

日々の生活に、自然からのメッセージ（暗示）が働きかけてゐる。私たちにいつも語りかけてゐる。季節の移ろひがもたらす変化の中に彩られるいくつもの存在。

新しい気付きや発見は大きなことから得られるのではなく、毎日の小さな営みの中にこそ、そのヒントが隠されてゐる。ジャガイモなどは寒い冬を越えると、甘みも旨みも増すといふ。今まで忍んでゐた寒い冬があればこそ、ぽかぽかの日差しがありがたかったり、春の眩しさに心が安堵するのかもしれない。

さう考へると、春夏秋冬、この順番にも深い意味があるやうに感じられてならない。冬の次には春が来る。この自然がもたらす流れは命を一番強くし、育んでくれてゐるのだ。

（平成二十七年四月六日付）

土のぬくもり

「わぁ……あったかぁーい」。ジャガイモ掘りにやって来た娘が、土に触れた瞬間かう言った。

さう、生命を育む場所とは、あたたかいのだ。

土の中を掘ってゆくと、そこには予期してゐなかった生き物との対面があったり、ジャガイモを掘りに来たのに「虫さん、こんにちは」と御挨拶しては、なかなか本来の目的に辿り着かない。

でも、こんな時間が楽しいものだ。土の中には野菜だけぢゃない、多くの生き物が共存してゐる。無農薬だからこそ、その実ったジャガイモの周りには蟻やだんご虫や幼虫がいっぱい。ひと際目立って縦横無尽に蠢く存在は、ミミズ。諸説あるやうだが、良い畑にはミミズがゐるといふ。ミミズは土や有機物を食べ、それを糞として排出する。それが野菜にとって良い肥料となるのださう。お日様に照らされてキラキラ輝くミミズを見ながら、どんな命にもお役目があるものだな……と妙に納得してゐた。土も野菜も虫も種を植ゑた人も収穫してゐる私たちも、お互ひの命が呼応するやうに糧となってゐる。それぞれに命を分け合って生きてゐる。前にも書いたことだが、自分とは本当の意味で「自然の分身」なのだと、この一つの小宇宙を目の当たりにしながら感じてゐた。

それと対照的に、畑に向かふまでの道すがら、舗装されたアスファルトの上で干上がってしまったミミズも数へきれないほど目撃した。何とも言へない気持ちになりながら、生と死の循環を同時に感じてゐた。

今回ジャガイモ掘りをさせていただいた畑の持ち主は、本職は画家なのだが、土の絵を描きたいと思ひ立ち独学で無農薬農業を始めたといふ。そんな彼に案内されて収穫を手伝ってゐると、野菜も一つの作品のやうに解説して下さる。自然と神様と人間との共作、彼に言はせるとまるで芸術のやうだ。

東京での生活に戻ってからも、土から放出されるぬくもりについ目がいってしまふ。電信柱と道路の脇から生えてゐる草花、ほんの僅かに残ってゐる土の部分から頼もしく葉が茂ってゐる。どんなに歩きやすく舗装された道の下も、見えない土が支へてくれてゐるのだとハッとする。土の上に敷き詰められた煉瓦の間から、小さな芽が生えてゐる様子もまた窮屈さうでありながらも誇らしく感じられる。なんたる生命力……美しい。

鉢植ゑの草花も、根っこがぎゅうぎゅうだと伸び伸び育つことができない。もっと大きな鉢か庭に植ゑることで、見違へるほど大きく成長する。切り花や観葉植物のポトスやアイヴィーも水の中で発根したあと土に植ゑ替へると、その根をさらに育むことができる。実りの秋に自然から教はったこと、地域社会における神社の在り方とは土に似てゐるのかもしれない。

(平成二十七年十月五日付)

鳥総立

樹齢百五十年のあすなろの木をクリスマスツリーにした神戸市での行事。賛否両論物議を醸し、個人的にも木と人との関係を考へ続けてゐる。

已むに已まれぬ事情で境内の木々を伐らなくてはならない事態に追ひ込まれた時、あなたはどうされるだらうか。

神様は建物のなかにお鎮まりいただいてゐるといふよりは自然そのものといふのか、境内地の環境や雰囲気にも、その御存在は大きく影響されてゐると感じてゐる。まだ神職になるための勉強をしてゐた頃、確か神道教化の先生だったと思ふのだが、「神社は主体と客体が大事」だから、掃除をすることや緑の景観を保つことなどが重要なのだと説いてくださった。私はこの言葉がとても印象深く残ってゐて、目に見えない神様（主体）を目に見える形として（客体）どうお伝へするか……ここに神職としての工夫が必要になってくるやうに感じられた。

私は木を伐らずに済む方法ばかりを考へてゐた。最悪でも移植することが第一に優先されるべきで、それ以外は誤った行動になってしまふと感じてゐた。命を絶つことがただ申し訳ない、木を伐ることの罪の意識だけが表面的に占めてゐた。でも現実はそんな感情論だけでは済まされない複雑さがあるのだと思ひ知らされる。

樹医、造園屋、材木屋、建築家といった木の専門家の方の意見には何度も目から鱗が落ちた。樹木にも寿命があること。水や土や風が合はなければ枯れてしまふこと。木も人間と同じく霊魂は永遠。人でいふところの肉体は木材として生活のなかに生き続ける。分け御霊として、我々人間がどう扱ふか。

ある林業を営む方は「木を扱ふといふことは、〝きづかひ〟なんや。気遣ひができんとあかん」と、教へてくださった。古来私たちは、その命をいただいて、木造建築や用材として生活のなかでともに生きてきたのだ。だからこそ、木のプロフェッショナルは木に対しての敬意を忘れない。

「鳥総立《とぶさたて》」。先の式年遷宮の際にも御杣山で杣人により執りおこなはれた古式ゆかしい慣習。この行為にこめられた願ひ。木と人との関係とは、元来とても深い。命として接し、ともに生きてきたことが伝はってくる。伐り株に鳥総（茂った梢）を立て、再生への願ひと木への感謝を表す。万葉集にも詠まれてゐる古くからの習はし。今も昔も変はらない日本民族の自然への畏敬と感謝が同じ形で千三百年以上も続いてゐる。
何が正しくて、何が間違ってゐるのかを人間が推し量ること自体が傲慢なのかもしれない。ただ、変はらないものはあるのだと、悠久の時のなかにあっても受け継がれ続ける意志や心があるのだと、身を以て感じてゐる。自分の身に興して、この感覚や実感を体現して生きてゆきたい。

（平成三十年二月十二日付）

見切る力

最近、自分には見切る力が足りてゐないと強く感じることがある。元来、自分は諦めの悪い方で、見切ることに対してどこかしら寂しさや冷たさを感じてゐたのだが、歳を重ねれば重ねるほどに、見切らなければ却って周りに迷惑がかかる。そんな場面が増え、避けられない取捨選択や優先順位があるのだと現実的に知らされる。〃見切る〃や〃見限る〃

といふと、どうしてもネガティヴな意味合ひばかりを感じる人が多いのではないか。果たして本当にさうだらうか。

粘り強く継続させるための見切りもあるやうに思ふ。例へば植物や樹木の剪定。奉務するお宮には大きな楠があるのだが、ある日その枝葉がバッサリと刈られてしまった時のこと、喪失感と見窄らしさに「何で切っちゃったの！」と心が痛んだことがある。

しかし、それから二、三年後、その楠は刈られる前よりおほきく成長してゐたのである。枝を切り形を整へる。見た目を美しくするだけでなく、風通しが良くなる。病や害虫の繁殖を予防する効果もあり、養分を効率よく利用し成長を促進させる効果があるといふ。

山でいふと間伐。生きる力を凝縮させるためにおこなはれ、さうすることで陽当たりも変はる。その時に私は、専門家の判断の精確さや、生命力の強さを感じた。

生かすための見切り。今回は諦めるしかないことでも、もっと先を見越せば、次に発展するための通過点であって、まだ結果ではない。変化対応力とでもいふのか。見切れずにゐるのは、臆病になってしまって変化を避けたいがための場合もあるかもしれない。

なんとなく流れに任せることで、うまくゆく場合もあるが、自分が取捨選択をして責任をとらなければならない場面もある。見切るとは、状況を見極めて適切な判断をすることとも言へるのではないか。さう捉へると、見切ることはむしろ粘り強いことであるのかもしれない。ある新聞社の編集長がこんな話をしてくれた。書くといふ行為自体が選択であり、書くといふことが切ること。文章とは省略の技術だと。その言葉を選択したといふことは他のものを捨てたといふこと。

日常は選択の連続で、今日何を食べるのか、誰とゐるのかも。ましてや神職ともなると、自分の身の回りのことだけでなく、地域、日本、世界と、視野を広く公平に在り続ける努力をしなくては務まらないもの。そんななかで見切る力といふのは、身に付ければ身を助け、他者を導くことに繋がるのかもしれない。

自分の丹田に聞いてみる。本当に自分がやりたいことなのか。成すべきことなのか。必要なことなのか。臆病にならずに選んで捨てる勇気。それが次に繋がってゆく。その連続……。

諦めずに粘ることも、見切る潔さも内包できる。実は一人の人間のなかに混在してゐるのではないだらうか。

（平成二十九年九月十一日付）

かをりの記憶

かをりの数だけ物語がある。さう感じさせられる出来事があった。やむを得ない事情で、神社境内の樹木を伐採しなくてはならない。できうる限りその存在を残したい……。そこで御用材として再利用するのはもちろんのこと、精油や蒸溜水にするのはどうかとの御提案をいただいた。このたび御縁あって実践してみたところ、これがすこぶる記憶に訴へかけてくるとても良い策で、思ひ出を香りに籠めることができたと実感してゐる。

調香師の方の言葉が印象的だった。「香りは、言葉にできない想ひを伝へるアイテムに、また〝自分〟を表現する手段にもなります。香りは記憶や感情と結びつき、記憶や感情は、物・場所・人……いろいろなことへ繋がってゆくのです」。

香りが放つ情報は単一ではない。複合的にそれぞれの要素が重なって、思ひ出や場所を表現することができる。例へば神社の香り。神社で育った私には、神社ならではのにほひといふものが無意識のうちに存在し、あの木と日本酒と神饌の乾物と装束と季節の風とが混ざった……なんとも言へない神社独得のにほひが記憶と結びつく。きっと読者の皆様のなかにも私と共通する香りを抱かれる方がをられるのではないだらうか。

お母さんのかをり、故郷のかをり、昔好きだった人のかをり、季節のかをり……。きっとそれぞれの人生の中でかをりの記憶があるだらう。どこか懐かしくて、切ない。時が経てば、いつかは消えてしまふほどに微かで儚い存在。だからこそ、記憶の深いところへと気付かないうちに沈んでゐる。無意識に滲透してゐる。嗅覚は五感のなかでもとくに人間の記憶と強い繋がりを持つのだらう。

脳の構造をみれば、映像より、音より、感触より、味より、昔の記憶を呼び起こすものは匂ひ。海馬と呼ばれる脳の器官は記憶をつかさどるとされるが、五感のなかで、嗅覚だけが、この海馬のある大脳辺縁系に直接情報を送ることができる仕組みなのだといふ。

妊娠中の女性の嗅覚がとくに鋭くなるのも本能が剝き出しになるからなのか。また、御承知の通りクスノキから水蒸気蒸溜により結晶化される樟脳は、西洋では気つけ薬として使はれてゐたといふ。脳といふ文字が用ゐられてゐることも興味深い。

最近では柔軟剤の匂ひが強いなど、香害といふ言葉まであるくらゐ化学的に作られた匂ひが蔓延してゐる。喘息持ちの私にはそんな環境が息苦しい。かをりは人の感性を鋭くもすれば鈍くもしてしまふ。

たまには思ひ切り、自分の中にある大切な記憶や感性を埋もれさせてしまはぬやうに、すべての感覚のすみずみにまでかをりをゆき亙らせるやうに、大きく深く息を吸って身体をかをりで満たしてあげるのも良いかもしれない。


（平成三十年九月三日付）

芯の強さ

私が奉仕する神社では一年に一度、厄神祭の時に仮設の授与所を建てるのだが、見ると材木の一本に大きな罅《ひび》が入ってゐる。お手伝ひの方や巫女さんたちは、その罅を見て、もうすぐ倒れるのではないかと不安がり、新しく建て直すべきではないかといふ話も挙がってゐた。しかし専門家や建築家に材木を見ていただいたところ、「この組み方ならばびくともしないだらう」といふ。新しく建て直すことは、簡単にできる。でも今では一昔前と違って、良い木材が手に入りにくい——。

見た目は綺麗な新しい木で建て直しても、その強度は疑はしい。真の強さとは、どこで見極めるのか？

式年遷宮では多くの職人の技術も注目されたが、現代を生きる職人たちからは「現代人は見る目がなくなってゐる」といふ声が聞かれる。単に技術の伝承だけでなく、日本人全体が見る目を養ってゆかなければ自国の文化は衰頽してしまふ。今日的な「より安価なもの」で済ませる風潮は「見る目」を曇らせてしまひ、「少々高くても確かなもの」の需要は減って、結果的に伝統技術を伝へていく社会基盤は痩せ細ってしまふ。

例へばこの材木の話で、素人と専門家の洞察の違ひといふのは、見た目ではなく、重量や手の感触、構造や組み方、特性をどう活かしてどのやうな意図で作られてゐるのかを見抜く力。目を鍛へるためには考へなくてはならない。無論、専門家と同等の、といふ訳にはゆかないのだが、想像力と推測力、観察力、経験を基にすると、どんな思ひでそのものが作られてゐるかが伝はってくる。作った人の思ひがそこには宿ってゐる。

質の高いものは、丁寧である。丁寧に仕上げるには手間も人手もかかる。真の強さとは芯の強さ。心の強さにも通じると私は感じる。

神社は氏子地域の〝中心〟。今回の厄神祭の御奉仕を通して強く実感させられた。幟立て、火の番、授与所、休憩所等々、総代さん、氏子さん、崇敬者の方々の支へがあってこそ。

神職としてその視界を忘れてはならない。あくまでも神様と人との仲執持なのだ。適材適所に人の支へがあり、みんなが真っ直ぐに神様の方を向いて御奉仕してゐる。

「一寸千貫」とは大工さんのお話。一寸は三・三センチ、千貫は三千七百五十キログラム。一寸ほどの角材でも真っ直ぐに立てれば千貫の重みにも耐へられるといふ。人も同じで、辛抱とは真っ直ぐであればあるほど耐へられる。斜めになったり、くの字に曲がってしまへば、長期間の重みには耐へられず、折れてしまふ。苦しい時ほど背筋を伸ばし、胸を張り、前を見る。そんな生きる姿勢が自分を強くしてくれる。

さういへば〝辛抱〟とは〝辛さを抱く〟と書く。心に内包する辛さを自分で抱き締めることで、〝心棒〟心の棒も太くなってゆくのだらう。


（平成二十七年三月十六日付）

答へ合はせの日々

心と体の連動

ラヂオ体操の奥深さに感銘を受けた。それは、中堅神職研修に参加した際のこと。前から情報として、研修の間にラヂオ体操をやるらしいとは聞いてゐたのだが、「中堅でラヂオ体操？」と、どこかしら恥づかしさを感じてゐた。実際にみんなと一緒にラヂオ体操をやってみるまでは。

教室から外へ出て、神宮道場のお庭で身体を伸ばす。それだけでも気持ちが晴れ晴れとしてくるのだが、軽快な音楽が流れ出し、お手本となる所役の研修生と事務局の方に合はせて身体を動かしてみると、子供の頃にやったことはあるはずなのに、とても新鮮に感じられた。正直言って、この歳になるまでラヂオ体操の魅力に気付くことがなかった。頭のてっぺんから足の爪先まで細胞が活性化するやうな感覚。単純に身体が喜んでゐるかのやうで、なんとも気持ちが良い。

ふと周りを見ると、一緒に受講してゐる先輩神職の方々も真剣に体操をしてゐる。一見同じに見える動きでも、真面目に取り組んでゐる人の姿勢は明らかに違ふ。本人の周りの気が動いて熱が上昇してゆく様が伝はってくるのだ。さらにワクワクしてきた。心と体の連動。体を伸ばすことで、心まですくすくと育ってゆくやうに、素直な心をそのまま体現してゐるかのやうに感じられた。

改めてラヂオ体操について調べてみると、なかなか興味深い歴史が記されてゐた。

元々は昭和天皇御即位の御大典記念事業として、逓信省簡易保険局が国民の健康増進を図るために「国民保険体操」といふ名で制定したもので、昭和三年に放送が始まったといふ。しかし戦後、ＧＨＱからの示唆などを受け、ＮＨＫは昭和二十一年に戦前から続けてきた初代のラヂオ体操放送を自粛し終了する。同年、新ラヂオ体操第一、第二、第三が発表されるも、動きが複雑で専門的だといふ点と、戦後の混乱で放送時間が不安定であったことも重なり、あまり普及しなかった。現在のラヂオ体操は昭和二十六年に整へられ、第一、第二ともに三代目といふことになる。今我々が知るラヂオ体操が形成されるまでには、時代の流れとともに紆余曲折があったのだ。

何度も作り直された背景があるからこそ、きっと、その動きの一つ一つに携はった方々の想ひや意図が凝縮されてゐるのだらう。

今の時代、ラヂオ体操に対する受け止め方は、人それぞれのやうだが、国民の健康保持と体力向上を目的とした一つの働きを純粋に受け止めたい。学校の校庭や公民館、神社の境内で、ラヂオ体操を企画するのは自然な流れなのだと感じられる。私の恩師である祭式の先生は今でも毎朝ラヂオ体操を続けてゐると仰ってゐた。

今年の夏休みには、娘と一緒に思ひっきり伸び伸びと校庭でラヂオ体操に励んでみようと思ふ。


（平成三十一年三月四日付）

「食」の記憶

最近、ある居酒屋で食事をした時のことである。体調が優れなかったせゐもあるのか、料理を註文しようとメニューを見ても食べたいと感じるものが見当たらない。数人でお店に入ってゐたので、食べ物の註文は任せ、飲み物だけを頼んだ。しばらくすると料理が運ばれてきた。私が贅沢になってしまったのか……、どうも箸が進まない。本能的に、食べたいと思へなくて、困ってしまった。

罪の意識を感じながらも、ふと疑問が湧いてきた。本来、日本人の食文化は、素材の味を楽しむ調理が好まれてゐると思ってゐたのだが、揚げ物は衣が分厚く、サラダにはドレッシングが溢れんばかりにかかってゐる。これでは素材の味が隠れてしまはないか。

かうして意識してみると、スーパーやコンビニに並ぶ食材も加工食品や調味料も添加物が入ったものばかり。わたしの知人には、酷いアレルギー体質の人がゐて、化学調味料が入ったものを一口でも食べると、身体中に蕁麻疹が発症する。でも、そんな彼は二十歳を過ぎるまではカップラーメンばかりを食べてゐたといふ。

今の時分、花粉症に悩まされてゐる人の数も年々増えてゐると聞く。実は食による影響も密かにあるのではないかとの思ひがよぎる。

また別の機会で、会食に招かれた時のこと。そのお店では出雲の食材を扱ってゐて、どの料理も素材の味がはっきりと感じられる。締めに「うちで一番の御馳走です」と言って、出されたのが、仁多米と十六島の岩海苔のおむすび。素朴で深い味はひ……。ちゃうど食に関して疑問を抱いてゐた私には衝撃的な美味しさだった。

店長にお話を伺ふと「ＤＮＡレベルで日本人としてたまらなく美味しいものを追求したい。手を加へて美味しくなる料理の範中を超えた素材の味。究極の贅沢は御先祖様も旨いと食べてゐたものを受け継ぐこと」。そして笑ってから付け加へた。「でも本当に美味しいものって市場に出回らない。地元で消費しちゃふからね」。

平成二十五年には、和食がユネスコ無形文化遺産に登録されてゐるが、この背景として、日本の四季や年中行事など、和食が土地の歴史や生活風習に密接に関はってゐることが評価されたといふ。料理そのものが登録されたわけではない。「旬の味はひや素材の旨みを嗜むこと」これも一つの文化なのだ。

今の時代では食材も調理法も多種多様にありすぎて、本当は感じてゐる以上に身体は良いもの悪いもの、美味しいものに、敏感に反応してゐるのではないか。その小さな声に耳を傾けたい。お米を研ぎながら、そんなことを考へてゐた。稲とはまさに〝命の根〟。空腹を満たしてくれるだけでもありがたいのに、炊き上がった一粒のお米の美味いこと……ただただ頭が下がった。

（平成二十九年三月十三日付）

神代からの継承

御代替り——皇位継承の諸儀式を通して皆さまは、何を感じていらっしゃるだらうか。先日の「神宮に親謁の儀」では、伊勢の地に、先の式年遷宮以来、五年ぶりに剣璽が御動座になった。御祖先であられる天照大御神の御神前へ、剣璽とともに進まれるお姿は、天孫邇邇芸命の御手振りを今の世に再現されてゐるのだと感じられた。

皇紀二千六百七十九年。神代から現代へと続く、日本人としての本質。改めて日本民族とは、神代の時代から目に見えない気の動きや流れを祭りといふ儀礼で具現化してきたのだと目の当たりに感じてゐる。

　陛下が伊勢の地にお目見えになられた際には雨だった。まるでお名残惜しいかのやうに慈しみの雨粒が降り注いだ。翌日は快晴で、雨で清められた清浄の空気の中、柔らかな光に包まれてゐた。自然とともに在られるからこそ、天候にも恵まれるのだと感じて已まない。御大礼を通して、さらに深く感じ入るのだらう、日本は、神々と今なほ繫がって生きてゐる国なのだと。武藏野陵に御親謁される陛下のお姿を拝見し、親御さまと御先祖さまとを尊ばれる大御心、天神地祇を敬はれる大御手振りは、歴代受け継がれてきた変はらない慎ましさであらうと学ばせていただいた。

　この原稿を書かせていただいてゐる時は、まだ平成の御世である。数日後に践祚の御時を迎へ、元号が改まる訳であるが、個人的には「令和」と口にすることも、文字に起こすことも、今はまだ恐れ多いことだと、正直憚られる感覚がある。にも拘らず、国民の多くがすでに安易に乱用してしまってゐるといふ印象を受ける。まだ平成の御世のうちに、キーホルダーやTシャツ、日本酒のラベルにも、令和の文字が踊ってゐて、商魂の逞しさに違和感を覚えてしまふ。

おめでたいこととはいへ、舞ひ上がる足取りだけでは世の中の均衡は取れない。重心を低くして、踏ん張る覚悟を己に問ひたい。すべてが真新しく変はるといふ訳でないのだ。

新しい御世をお迎へするには、平成の御世に感謝を捧げ、受け継ぐものをしっかりと、国民一人一人が心に宿してゆかねばならぬのではないだらうか。今までもさうして連綿と続いてきた国柄を大切にしたい。時代の流れと自分の命の関はりを、敏感に感じ取って生きてゆきたい。昭和生まれの私は決意を新たにするのだ。

つい先日、娘と一緒にプラネタリウムへと出掛けた。満天の星を戴く、生命を育む青い空と海と、緑の森。闇黒に浮かぶ星々と青い地球を見てゐると、この星に生まれて良かったと、そして、桜の見頃を終へ、つつじが咲き誇り始めた、この豊かな四季に恵まれた日本に育まれてゐることが、どれだけ幸せなことかと、涙が自然と零れてきた。

新しい御代の弥栄と、皇室の御安泰と万歳を衷心よりお祈り申し上げます。

（令和元年五月六日付）

おほみたから

大嘗宮を拝観しに、皇居に行った時のこと。古き良き日本の在りし国民性を感じて心が温かくなった。

私が訪れた際には九十分待ちで、一般参観の人々が長蛇の列をなしてゐた。にも拘らず、並ぶ者皆が、穏やかな表情で一歩一歩と緩やかに目的地へと進んでゆく。皇居内の四季を感じる美しい樹木や草花を愛でながら、流れる雲や柔らかに吹く風を感じ、この場にゐることのありがたさを各々が感じてゐるやうだった。

そしてたいへん印象に残ったのが警備の方々のアナウンスだ。「ここから近さうには見えますが、大嘗宮の正面までは今の状況ですと約一時間はかかります。もうこれで満足されたといふ方は右手に出口がございますので、どうぞ遠慮なく退出されてください。抜けるのでしたら今しかありません！」

大嘗宮を真正面にする頃は、さすがに、ごく僅かではあったが押し合ふ人もゐたけれど、比較的礼儀正しく進んでゐた。そんな切羽詰まったなかでも、「写真を撮るなとは誰も言ひません！ ただ、一枚写真を撮ったら、次の方のために速やかに前へ一歩お進みくださいね」「大嘗宮は正面だけが素晴らしいといふ訳ではございません！ むしろ正面を越えた先の主基殿側からの方が全体をよく御覧いただけますよ」「お写真を撮りたい気持ちはわかりますが、せっかくのこの機会です。どうぞ肉眼でもしっかり御覧ください」など、各所に配置された警備の方々はそれぞれの場所と状況に適したアナウンスを自分の言葉でおこなってゐたことが、素晴らしいと感じた。

マニュアル通りだけではなく、周りを見ながら自づから言葉を選んで発していらっしゃった。そんな言葉が飛び交ふたびに、参列者から思はず笑みが零れて、その場の雰囲気が和やかに変はる。日本人らしい集団性から生まれる和やかさが、なんとも美しかった。大嘗宮を拝観しようとやって来られる方の意識の高さも関係したかもしれないが、きっと昔からこのやうな民族性であったのだらう。

近付いて拝観した時の、大嘗宮全体の清浄な佇まひには息を呑んだ。どれほど深い祈りがこの場で捧げられたかが、数日経った後でも感じられるほどの臨場感。そして、大嘗宮を建てられた職人さんや御奉仕された方々の混じり気のない凛とした姿勢が伝はってくるかのやうだった。

「おほみたから」。天皇陛下は我々国民のことを、大和言葉でこのやうに表現された。宝と呼んでくださるだけでも恐れ多いのに、大まで付けてくださる上に、御まで付け加へての大御宝。ありがたさに、ただ頭が下がり、その呼び名に恥ぢぬやう、しかと生きようと胸に刻んだ。

令和二年謹賀新年、御皇室の安寧と弥栄を、皆様の御健康と御多幸を心よりお祈り申し上げます。

（令和二年一月十三日付）

答へ合はせの日々

神様から絶えず問ひかけられてゐる。

皆さんも、そんな風に感じることがあるのではないだらうか。どちらを選ぶのか――日常に小さなテストがいっぱい隠されてゐて、その答へはすぐに事象となって顕れる。

神様や祈りのカタチは目に見えないからこそ、起こる出来事の中に答へが潜んでゐるやうに感じる。いや、「答へ」と言ふべきか、「応へ」なのか。

神様はちゃんと受け止めてくださり、示してくださる。自問自答しながら、神様と答へ合はせをしてゆく日々。

つい先日こんなことがあった。地方公演があり羽田空港へと向かふ道中、新宿から山手線に乗り換へようとしたのだが、あまりに人が多くスーツケースと大人一人が入り込める余裕を見つけられず、結局電車を二本見送った。通勤ラッシュとはいへ、あの時の乗客の表情はとても冷ややかで、ストレスフルなものだった。きっと今日の私はこの波長に近い何かがあり、その場に居合はせたのだらう。飛行機の時間が迫る。間に合ふか不安も重なり少し気持ちが沈んだ。

なんとか無事に空港に着き、大急ぎで搭乗窓口へ向かふと航空会社の担当の女性が迅速かつ懇切丁寧に誘導してくださり、時間内に機内へと進んだ。席に腰を掛けると、ほどなく機体は動き出した。「良かった。間に合った……」ホッと胸を撫で下ろし、ふと窓に目を向けると、滑走路の脇で整備員さんたちが満面の笑みでこちら側に手を振ってゐる。日に焼けたお顔に白い歯と皺くちゃの笑顔。見えなくなるころには乗客を乗せた機体に深々と一礼。思はず目頭が熱くなる。

人それぞれ。どれも人間らしさなのかもしれない。自分はどう生きてゆきたいのか。なりたい自分になるために、瞬間瞬間が一つの答へのやうに、誰かとの会話の中でハッとする言葉、見ず知らずの誰かの働く姿勢から学びがあったりする。

だから自分も神明奉仕をする中で、境内の掃き掃除をしながら氏子さんと話す時、参道ですれ違ふ時に交はす笑顔など、一瞬一瞬に神様とその人をお繋ぎできるやうな神職でありたいと願ふ。

今でもさうなのだが、家族や友人から感じやすいと言はれることが多かった。さう言はせてしまふ自分が嫌で仕方がなかった。普通にしてゐるつもりでも、周りに気を遣はせてしまってゐる。もっといちいち感傷的にならず、淡々と受け止めて生きられたら良いのに……。さう何度も憧れては自分を責めた。

けれども、そんな心と向き合ふと必ず、神様を感じる出来事に遭遇する。日常の中でのあんなことやこんなこと。

変な表現になるが、神様ほど感受性が豊かな御存在はいらっしゃらないのではないだらうか。すべてお見通し。それで良い、それで良いよと今日もどこかで、風が吹いてゐる。

（平成三十年四月九日付）

あとがき

正直なところ、文章を書くことは苦手としてゐる。私的には歌ふことの方が何倍も自由に表現できる感覚がある。一文字一文字どの言葉を選択するか、いつも悩んでは時間がかかる。自分の書く文章はいつもまどろっこしくて伝はりにくいのではないかと不安に思ふ。にも拘らず、思ひ切って出してみた文章が読者の心に届き、神社新報社や実家のお宮にお便りをいただき励ましの言葉をいただくのだ。

思ひがけないことだった。

学術的な文章も専門的な内容も書けなくて、ただ心がその時、大切だと感じてゐるもの、考へてゐることを素直に出してみるしかなかった。毎月その連続……それが六年も続いてゐるなんて、恥づかしくもあり、ただただ本当に頭が下がる思ひでゐる。

本書の内容は、平成二十六年十月から「神社新報」の「杜に想ふ」欄で執筆した原稿をこのほど書籍としたものである。冒頭の一篇は最初の原稿。まだぎこちなさも目立つ、幼い文章なのだが、それも併せて思ひ出深い。

次に続く内容は、掲載順ではなく、いくつかの主題にわけて整理させていただいた。時系列ではないので、読みにくい点があるかもしれないことをお詫び申し上げたい。

このたびの出版の経緯についても触れておきたいと思ふ。読者の感想、また編輯部からも「たいへん評価されてゐる総代さんからお葉書をよくいただく」「本にしてほしいといふ要望が届いてゐる」といった話も聞いてをり、かういったみなさんの御声援が今回の書籍化に繋がったものと思ってゐる。

こんな文章を待ってゐてくださる方、書籍になることを要望してくださった読者がゐるだなんて、私にとってそんな方々は分御霊といふか、心の親戚同志といふべきか、なんて器が広い方々なのだらうかと思ふ。

特筆すべきことは、神社新報社の大中陽輔氏の手直しがあってこそ、文章が整へられてゐるのだといふこと。わたくし一人では決して伝へ切れてゐないと自覚してゐる。大中さんには、心から感謝と尊敬の念をお贈りしたい。

はしがきには、私の恩師である國學院大學教授の茂木貞純先生、帯には、心の師匠ともいふべき元神宮禰宜の河合真如先生、敬愛するお二人からのもったいないほどのお言葉にも深く感謝申し上げたい。

また、御先祖様である新渡戸稲造『武士道』の刊行は明治三十三年のこと。今年はちょうど百二十年だといふ。このことにも何か目に見えないお導きを感じて已まない。

結びに、この本を通じて、日常に彩られるあれこれを読者の皆様と思ひっきり一緒に感じてもらへたらこの上ない喜びである。

世界は美しい……。限られた命の中で喜怒哀楽を噛み締めて味はって、生を謳歌したい。

こんな稚拙な文章を受け入れてくださる読者の皆様に心から感謝の意を捧げます。

そして、言葉の持つ力の強さを深く実感してゐる。言霊が心を響かせるといふことを。

令和二年　弥生二十八日

涼恵　拝

著者　涼恵（すずえ）

唄ひ手、兵庫県神戸市・小野八幡神社権禰宜。ブラジル・サンパウロで生まれ、帰国後は東京、青森、神戸で育つ。幼い頃から神社で育ち、自然の語らひに耳を澄まし、言霊を唄ふと評される。作詞作曲を手がけるオリジナル作品は、ピアノ、ヴァイオリン、チェロの洋楽器に箏、太鼓、龍笛、神楽鈴といった雅楽や邦楽器をとりいれた独得の音楽世界を創造し、神職の唄ひ手として支持を受ける。平成十八年、日本の文化・習慣を広める神職として、唄ひ手として一年間ニューヨークに渡米。同年京都で開催された世界宗教者平和会議（ＷＣＲＰ）の第八回世界大会では、小泉首相（当時）の前でオープニングソングを歌ふ。平成十九年にはカーネギーホール（ＮＹ）でリサイタルをおこなひ、スタンディングオベーションを受ける。

唱歌や童謡や手遊び歌をメインとした親子コンサートや、母性に焦点を当てた独自の解釈で解説する『古事記』の講演会などその活動は多岐に亙る。旧姓・新渡戸涼恵。『武士道』の著書であり旧五千円札の新渡戸稲造は縁戚。

平成十四年にファーストアルバム「うましあしかび」を、続いて「このはなさくや」「みたまのふゆ～恩頼～」をリリースし、令和元年には角松敏生氏のプロデュースによる御大典記念の童謡・唱歌アルバム「心のふるさと～Ｓｏｎｇｓ ｏｆ Ｊａｐａｎ～」が製作されてゐる。令和二年四月二十九日にユニバーサルミュージックからアルバム「楽園」をリリース。

「神社新報」は昭和二十一年七月の創刊以来、「歴史的仮名遣ひ」を使用してゐます。

先人らが永い年月をかけて積み上げてきた仮名遣ひを、敗戦といふ混乱期に、ほとんど検討しないままに文法的にも欠陥の多い「現代仮名遣い」に変へてしまった〝国語の破壊〟を悲しみます。昭和二十年以前の文学作品を古典にしてしまってはなりません。文化の核は、その民族が育ててきた〝言葉〟を中心にしてゐます。

日本語の伝統を守る心は、日本の美風を守る心につながります。本紙は「歴史的仮名遣ひ」と美しい日本語を使用することで、伝統的な日本文化の護持を呼びかけてゐます。

神社新報ブックス　21

言霊の響き

本体　1,200円（税別）
令和2年4月21日　第一刷発行

著　者　涼　恵
発行所　株式会社　神社新報社
東京都渋谷区代々木1－1－2
電話　03-3379-8211.8212
印刷製本　日本新聞印刷株式会社

落丁・乱丁本はお取替へいたします　Printed in Japan
ISBN 978-4-908128-27-1　C3214 ¥1200E